DR. OETKER

COOLE CUPCAKES

OHNE BACKEN!

DR. OETKER

COOLE CUPCAKES

OHNE BACKEN!

Dr. Oetker Verlag

VORWORT

‚Backen ohne zu backen' ist nicht nur an heißen Sommertagen eine

coole Alternative. Ob Mini-Espresso-, Puffreis-, Pavlova-, Salz-Karamell,

Tartufo- oder Stachelbeer-Crisp-Cupcakes – es geht ganz einfach:

Erst kommt die Basis aus Kuchenresten, zerbröselten Keksen, Baiser,

Salzbrezeln, Pumpernickel oder Popcorn, danach die Krone aus Sahne,

Crème fraîche, Mascarpone oder Quark.

Getoppt wird alles mit Früchten, Nüssen, Streuseln, Rosmarin,

Schokolocken oder Zuckerperlchen. Den Rest erledigen der Kühlschrank

oder – für die absolut eisige Erfrischung – das Gefriergerät.

CAPPUCCINO-CUPCAKES

FÜR DIE BÖDEN:

70 g Zartbitter-Schokolade
  (etwa 50 % Kakaoanteil)
30 g Popcorn (Fertigprodukt)

FÜR DIE ESPRESSO-CREME:

4 Blatt weiße Gelatine
100 g Espresso-Schokolade
50 ml Espresso oder starker Kaffee
50 g Zucker
200 g Pudding Marmorette Schoko (Kühlregal)
125 g Schlagsahne (mind. 30 % Fett)

ZUM VERZIEREN UND GARNIEREN:

125 g Schlagsahne (mind. 30 % Fett)
etwas Kakaopulver

ZUSÄTZLICH:

1 Muffinform für 12 Muffins
12 Muffin-Papierbackförmchen

1_ Für die Böden Schokolade grob hacken, in einem Topf im Wasserbad bei schwacher Hitze unter Rühren schmelzen. Schokolade mit dem Popcorn gut vermischen. Etwa ein Drittel davon auf einem Stück Backpapier verteilen und die Schokolade fest werden lassen.

2_ Das restliche schokolierte Popcorn in den Mulden der Muffinform (mit Papierbackförmchen ausgelegt) gleichmäßig verteilen und mit einem Löffel jeweils zu einem Boden andrücken. Die Form in den Kühlschrank stellen.

3_ Für die Creme Gelatine nach Packungsanleitung einweichen. Schokolade wie unter Punkt 1 beschrieben schmelzen. Espresso oder starken Kaffee mit Zucker, Pudding und geschmolzener Schokolade verrühren. Eingeweichte Gelatine leicht ausdrücken und in einem kleinen Topf bei schwacher Hitze unter Rühren auflösen. Gelatine zunächst mit etwa 4 Esslöffeln von der Espresso-Creme verrühren, dann unter die restliche Espresso-Creme rühren und in den Kühlschrank stellen.

4_ Die Sahne steif schlagen. Sobald die Creme anfängt dicklich zu werden, die Sahne unterheben. Die Espresso-Creme auf den Popcornböden verteilen. Cupcakes mindestens 3 Stunden in den Kühlschrank stellen. Dann die Cupcakes aus der Muffinform nehmen und auf eine Platte setzen.

5_ Zum Verzieren und Garnieren die Sahne steif schlagen und in Klecksen auf den Cupcakes verteilen. Mit dem schokolierten Popcorn garnieren und mit Kakao bestäuben.

KALTE HÜNDCHEN

ZUM VORBEREITEN:

300 g Zartbitter-Schokolade
(etwa 50 % Kakaoanteil)
350 g Schlagsahne (mind. 30 % Fett)
100 g frische Johannisbeeren
330 g runde Mehrkornkekse (Ø etwa 6 cm)

ZUSÄTZLICH:

1 Muffinform für 12 Muffins
12 Muffin-Papierbackförmchen

1_ Zum Vorbereiten die Schokolade in kleine Stücke brechen. Die Sahne in einem Topf zum Kochen bringen. Den Topf von der Kochstelle nehmen. Die Schokoladenstücke zu der Sahne in den Topf geben und unter Rühren schmelzen. Die Schokoladensahne abkühlen lassen, dann zugedeckt 2–3 Stunden in den Kühlschrank stellen.

2_ Die Johannisbeeren kurz abspülen und abtropfen lassen. Die Beeren von den Rispen streifen.

3_ In jede Mulde der Muffinform (für 12 Muffins, mit Papierbackförmchen ausgelegt) einen Keks grob zerbröseln. Die Schokoladensahne mit einem Schneebesen kurz durchrühren. Schokoladensahne in einen Spritzbeutel mit Sterntülle (Ø etwa 1 ½ cm) füllen.

4_ Jeweils auf die Keksbrösel einen dicken Tupfen Schokoladencreme spritzen und 6–8 Johannisbeeren darauf verteilen. Dann einen ganzen Keks vorsichtig auf die Creme drücken. Nochmals einen dicken Tupfen Creme auf den Keks spritzen, mit 6–8 Johannisbeeren belegen und darauf wieder einen ganzen Keks drücken.

5_ Den oberen Keks zuletzt dekorativ mit einem kleinen, schönen Tupfen Schokoladencreme besspritzen und mit 3 Johannisbeeren garnieren.

6_ Die kalten Hündchen zugedeckt, sodass die Creme nicht zerdrückt wird, 2–3 Stunden in den Kühlschrank stellen. Die Cupcakes aus der Form nehmen und servieren.

→ **TIPP:**

Die Cupcakes halten sich zugedeckt im Kühlschrank 1–2 Tage.

Zubereitungszeit: 45 Minuten
Kühlzeit: etwa 2 Stunden

12 Stück

Pro Stück: E: 2 g, F: 11 g, Kh: 17 g,
kJ: 740, kcal: 177, BE: 1,5

SALZ-KARAMELL-CUPCAKES

FÜR DIE BÖDEN:
70 g Butter
100 g Butterkekse

FÜR DIE SCHOKOLADENCREME:
150 g Schlagsahne (mind. 30 % Fett)
½ Pck. (85 g) Schoko-Sahne-Tortencreme
    (Cremepulver)

FÜR DIE FÜLLUNG:
50 g Karamell-Brotaufstrich
    (z. B. von Bon Maman)
½ TL Meersalz (Fleur de Sel)

ZUM GARNIEREN:
6 Schokoriegel mit Butter-Mandel-
    Karamell-Füllung (je etwa 6 g)
einige grobe Meersalzflocken

ZUSÄTZLICH:
1 Muffinform für 12 Muffins
12 Muffin-Papierbackförmchen

1_ Für die Böden Butter zerlassen und abkühlen lassen. Kekse in einen Gefrierbeutel geben, den Beutel fest verschließen. Kekse mit einer Teigrolle fein zerbröseln, in eine Rührschüssel geben und die Butter unterrühren.

2_ Die Bröselmasse in den Mulden der Muffinform (mit Papierbackförmchen ausgelegt) verteilen und mit einem Löffel jeweils gut zu einem Boden und zu einem leichten Rand andrücken. Die Form in den Kühlschrank stellen.

3_ Für die Creme Sahne steif schlagen. Tortencremepulver mit 60 ml Wasser nach Packungsanleitung zubereiten und die Sahne unterheben.

4_ Für die Füllung Karamell-Brotaufstrich mit Salz gut verrühren.

5_ Die Schokoladencreme in einen Spritzbeutel mit Lochtülle (Ø 12 mm) füllen. Die Creme so auf die Cupcakes spritzen, dass in der Mitte eine leichte Vertiefung entsteht. Die Salz-Karamell-Füllung mit einem Löffel in die Mulden geben und die restliche Creme kuppelförmig daraufspritzen. Die Cupcakes etwa 2 Stunden in den Kühlschrank stellen. Dann die Cupcakes aus der Muffinform nehmen und auf eine Platte setzen.

6_ Zum Garnieren die Schokoriegel klein schneiden. Die Cupcakes damit garnieren und mit Meersalzflocken bestreuen.

| Zubereitungszeit: 45 Minuten, ohne Abkühlzeit Koch- und Kühlzeit: etwa 3 Stunden | 12 Stück | Pro Stück: E: 3 g, F: 16 g, Kh: 21 g, kJ: 1043, kcal: 249, BE: 2,0 |

BANOFFEE-CUPCAKES

FÜR DIE TOFFEE-MASSE:
400 ml gezuckerte Kondensmilch (in der Dose)

FÜR DIE BÖDEN UND DIE FÜLLUNG:
75 g Butter
*20 g klein gehackte Schokolade
(Zartbitter oder Vollmilch)*
150 g Haferkekse
1 reife Banane (150 g)

ZUM GARNIEREN:
200 g Konditorsahne
*2 EL geschabte Schokolade
(Zartbitter oder Vollmilch)*

ZUSÄTZLICH:
1 Muffinform für 12 Muffins
12 Muffin-Papierbackförmchen

1_ Für die Toffee-Masse die Kondensmilch in der geschlossenen Dose in einem Topf mit Wasser bedeckt etwa 2 Stunden köcheln lassen. Dabei immer wieder Wasser nachgießen, damit die Dose immer (!) mit Wasser bedeckt ist. Anschließend die Dose herausnehmen (Vorsicht: heiß!) und auf einem Kuchenrost erkalten lassen.

2_ Für die Böden und Füllung Butter zerlassen. Den Topf von der Kochstelle nehmen und die Schokolade darin unter Rühren schmelzen. Die Kekse in einen Gefrierbeutel geben. Den Beutel fest verschließen. Die Kekse mit einer Teigrolle fein zerbröseln. Die Schokoladenbutter in einer Schüssel mit den Bröseln gut vermischen.

3_ Die Brösel-Butter-Masse in den Mulden der Muffinform (mit Papierbackförmchen ausgelegt) gleichmäßig verteilen und mit einem Löffel jeweils gut zu einem Boden und auch etwa 1 ½ cm hoch zu einem Rand andrücken.

4_ Die Banane in 12 gleich dicke Scheiben schneiden. Jeweils 1 Scheibe auf einen Bröselboden legen. Die Kondensmilchdose öffnen, die Toffee-creme glatt rühren. Jeweils 1 gut gehäuften Teelöffel davon leicht bergförmig auf die Bananenscheiben geben. Die Muffinform zugedeckt mindestens 60 Minuten in den Kühlschrank stellen.

5_ Zum Garnieren kurz vor dem Servieren die Sahne steif schlagen und in einen Spritzbeutel mit Lochtülle (Ø etwa 13 mm) füllen. Die Banoffee-Cupcakes aus der Muffinform nehmen, mit der Sahne garnieren und mit geschabter Schokolade bestreuen.

→ TIPPS:

Sie benötigen nur etwa die Hälfte der Toffeemasse. Der Rest schmeckt zum Beispiel als Brotaufstrich sehr lecker. Oder sie bereiten einfach die doppelte Menge Banoffee-Cupcakes zu. Ungeöffnet ist die Toffee-Masse bis zum angegebenen Mindesthaltbarkeitsdatum haltbar, so lassen sich auch mehrere Dosen auf Vorrat kochen. Für schöne, selbst gemachte Schokoladenlocken die Schokolade vorher in den Kühlschrank legen. Von gut gekühlter Schokolade lassen sich mit einem Sparschäler sehr leicht Locken „abschälen".

PUFFREIS-CUPCAKES
„UPSIDE DOWN"

50 g Zartbitter-Schokolade
   (etwa 50 % Kakaoanteil)
5 g Kokosfett
etwa 20 Mini-Reiswaffeln
   (z. B. von Alnatura oder Hipp, etwa 35 g)

FÜR DAS TOPPING:
200 g Zartbitter-Schokolade
   (etwa 50 % Kakaoanteil)

200 g Doppelrahm-Frischkäse
180 g Puderzucker
40 g Schlagsahne
4 EL bunte Nonpareilles
   (kleine Zuckerperlchen)

ZUSÄTZLICH:
1 Mini-Muffinform für 24 Mini-Muffins
20 Mini-Muffin-Papierbackförmchen

1_ Die Schokolade in kleine Stücke brechen. Dann mit dem Kokosfett in einem Topf im Wasserbad bei schwacher Hitze unter Rühren schmelzen. Jede Reiswaffel auf einer Seite mit der Schokolade bestreichen. Dann in den Kühlschrank stellen und die Schokolade fest werden lassen.

2_ Für das Topping die Schokolade in kleine Stücke brechen und in einem Topf im Wasserbad bei schwacher Hitze unter Rühren schmelzen. Den Topf aus dem Wasserbad nehmen. Schokolade etwa 5 Minuten abkühlen lassen.

3_ Den Frischkäse mit dem Puderzucker in eine Rührschüssel geben. Die Zutaten mit einem Mixer (Rührstäbe) aufschlagen (zunächst wird der Frischkäse sehr flüssig, dann aber wieder cremig). Die Schokolade dazugeben und weiterschlagen, bis eine cremige Masse entstanden ist.

4_ Das Topping in einen Gefrierbeutel geben, vom Gefrierbeutel eine Ecke abschneiden. Das Topping in 20 Mulden der Muffinform (mit Papierbackförmchen ausgelegt) spritzen, dabei das Topping bis zum Rand spritzen. Jeweils 1 Reiswaffel mit der Schokoladenseite auf das Topping legen und vorsichtig andrücken. Die Form mindestens 3 Stunden in den Kühlschrank stellen.

5_ Die Cupcakes aus den Formen nehmen und die Papierbackförmchen abziehen. Die Cupcakes vorsichtig kopfüber in die Nonpareilles drücken.

→ TIPP:
Die Mini-Reiswaffeln werden in Tüten verkauft. Es reicht, wenn Sie 1 Tüte mit etwa 35 g Inhalt kaufen. Die Stückzahl in den Tüten kann leicht variieren, evtl. sind weniger als 20 Reiswaffeln enthalten.

Zubereitungszeit: 35 Minuten
Kühlzeit: etwa 1 Stunde und
50 Minuten

12 Stück

Pro Stück: E: 3 g, F: 14 g, Kh: 20 g,
kJ: 910, kcal: 217, BE: 1,5

MÜSLI-MANGO-CUPCAKES

FÜR DIE BÖDEN:
150 g Vitalis-Müsli Knusper-Honeys
60 g Butter

FÜR DEN BELAG:
5 Blatt weiße Gelatine
1 Mango (etwa 500 g)
200 g griechischer Sahnejoghurt (10 % Fett)
150 g Crème fraîche
50 g Agavendicksaft
2 EL Zitronensaft

FÜR DAS TOPPING:
150 g griechischer Sahnejoghurt (10 % Fett)
1 Pck. Schocofix (25 g, Trinkschokoladenpulver)
1 Pck. Sahnesteif

ZUM GARNIEREN:
etwa 12 Dekor-Schokoblätter

ZUSÄTZLICH:
1 Muffinform für 12 Muffins
12 Muffin-Papierbackförmchen

1_ Für die Böden das Müsli in einen Gefrierbeutel geben. Den Beutel fest verschließen. Müsli mit einer Teigrolle etwas zerbröseln und in eine Rührschüssel geben. Butter zerlassen, zu den Bröseln geben und gut verrühren.

2_ Die Bröselmischung in den Mulden der Muffinform (mit Papierbackförmchen ausgelegt) verteilen und mit einem Löffel jeweils zu einem Boden gut andrücken.

3_ Die Form etwa 20 Minuten in den Kühlschrank stellen, bis die Böden fest geworden sind.

4_ Für den Belag Gelatine nach Packungsanleitung einweichen. Das Mangofruchtfleisch vom Stein schneiden und schälen. Vom Mangofruchtfleisch der Länge nach 12 dünne Streifen abschneiden und zum Garnieren beiseitelegen. 250 g vom restlichen Fruchtfleisch fein würfeln.

5_ Joghurt mit Crème fraîche, Agavendicksaft und Zitronensaft in einer Rührschüssel mit einem Schneebesen glatt rühren. Mangowürfel unterrühren. Gelatine leicht ausdrücken und in einem kleinen Topf bei schwacher Hitze unter Rühren auflösen. Die Gelatine zuerst mit etwa 3 Esslöffeln von der Joghurtmasse verrühren, dann unter die restliche Joghurtmasse rühren.

6_ Die Joghurtmasse auf den Cake-Böden verteilen. Die Form weitere etwa 90 Minuten in den Kühlschrank stellen.

7_ Die Müsli-Mango-Cupcakes aus der Form lösen und mit den beiseitegelegten Mangostreifen garnieren.

8_ Für das Topping Joghurt mit Trinkschokoladenpulver und Sahnesteif mit einem Schneebesen gut verrühren. Jeweils einen Klecks Schokocreme auf die Cupcakes geben, mit Schokoblättern garnieren und servieren.

CREME-ROSEN

FÜR DIE FÜLLUNG:

4 Blatt weiße Gelatine
125 g Mascarpone (ital. Frischkäse)
250 g Ricotta (ital. Frischkäse)
70 g Zucker
1 Pck. Dr. Oetker Vanillin-Zucker
1 TL abger. Schale von 1 Bio-Zitrone
   (unbehandelt, ungewachst)
75 ml Multivitaminsaft

FÜR DIE BÖDEN:

Doppelkekse, mit Schokoladencreme gefüllt
   (Ø etwa 6 cm)

ZUM BESTREICHEN:

125 g Mascarpone (ital. Frischkäse)
200 g Schlagsahne (mind. 30 % Fett)
1 Pck. Sahnesteif
1 EL Zucker
1 EL Zitronensaft

ZUM BESTREUEN:

einige Zuckerkristalle (lila)
Speiseöl und Puderzucker für die Form

ZUSÄTZLICH:

1 Muffinform für 6 oder 12 Muffins
etwas Speiseöl
etwas Puderzucker

1_ Für die Füllung Gelatine nach Packungsanleitung einweichen. Mascarpone in eine Rührschüssel geben, mit Ricotta, Zucker, Vanillin-Zucker und Zitronenschale verrühren. Gelatine leicht ausdrücken und in einem kleinen Topf bei schwacher Hitze unter Rühren auflösen. Gelatine mit dem Saft verrühren und unter die Ricotta-Mascarpone-Masse rühren.

2_ Die Ricotta-Mascarpone-Masse in 6 Mulden der Muffinform (mit Speiseöl gefettet, mit Puderzucker bestäubt) verteilen. Die Form etwa 2 Stunden in den Kühlschrank stellen.

3_ Die Ricotta-Mascarpone-Creme vorsichtig mit einem Messer vom Rand der Vertiefungen lösen, mit je einem Doppelkeks belegen und vorsichtig auf eine Platte stürzen.

4_ Zum Bestreichen Mascarpone und Sahne in einen Rührbecher geben. Die Zutaten mit einem Mixer (Rührstäbe) cremig aufschlagen. Sahnesteif mit Zucker mischen und unter die Mascarpone-Sahne schlagen. Zitronensaft unterrühren.

5_ Etwa 3 Esslöffel der Mascarpone-Sahne in einen Spritzbeutel mit Blatttülle füllen. Die Törtchen mit der restlichen Mascarpone-Sahne bestreichen, dann aus dem Spritzbeutel jeden Cupcake mit einer Rose verzieren. Die Törtchen bis zum Servieren in den Kühlschrank stellen.

6_ Die Törtchen vor dem Servieren mit Zuckerkristallen bestreuen.

MARSHMALLOW-CUPCAKES

100 g weiße Mini-Marshmallows
100 g Zartbitter-Schokolade
(etwa 50 % Kakaoanteil)
1 Pck. Mousse au Chocolat (Dessertpulver)
225 ml Milch (3,5 % Fett)

FÜR DAS TOPPING:
125 g Schlagsahne (mind. 30 % Fett)
1 Pck. Sahnesteif
3 EL Grenadinesirup

ZUSÄTZLICH:
9 Muffin-Papierbackförmchen

1_ Zunächst 9 Marshmallows zum Garnieren beiseitelegen. Die restlichen Marshmallows gleichmäßig als Böden in die Papierbackförmchen legen.

2_ Die Schokolade in kleine Stückchen hacken. 75 g der Schokolade in einem kleinen Topf im Wasserbad bei schwacher Hitze unter Rühren schmelzen. Anschließend die flüssige Schokolade mithilfe eines Teelöffels auf die Marshmallows in den Förmchen träufeln. Schokolade trocknen lassen.

3_ Mousse au Chocolat mit Milch nach Packungsanleitung zubereiten. Die restliche gehackte Schokolade unterheben. Die Mousse auf den Marshmallowböden in den Förmchen verteilen und glatt streichen, anschließend mindestens 2 Stunden in den Kühlschrank stellen.

4_ Für das Topping die Sahne mit dem Sahnesteif steif schlagen. Den Sirup unterheben. Das Topping in einen Spritzbeutel mit Sterntülle (Ø 14 mm) füllen und dekorativ auf die Cupcakes spritzen. Die Cupcakes mit den beiseitegelegten Marshmallows garnieren.

→ TIPP:

Die Cupcakes zum Servieren zusätzlich mit etwas grob geschabter Zartbitter-Kuvertüre bestreuen und mit etwas Grenadinesirup beträufeln.

TARTUFO-CUPCAKES

FÜR DIE BÖDEN:
120 g Butter
150 g Eiswaffeln

FÜR DIE SCHOKOCREME:
120 g Schlagsahne
100 g Kirschsaft
20 g Zucker
200 g Zartbitter-Schokolade
    (etwa 50 % Kakaoanteil)
100 g Nougat-Schokolade
70 g Butter
12 TL Kirschgrütze (aus dem Kühlregal)

ZUM BESTÄUBEN UND BESTREUEN:
1 TL Kakaopulver
4 EL Haselnuss-Krokant

ZUSÄTZLICH:
1 Muffinform für 12 Muffins
12 Muffin-Papierbackförmchen

1_ Für die Böden Butter zerlassen und abkühlen lassen. Eiswaffeln in einen Gefrierbeutel geben, den Beutel fest verschließen. Eiswaffeln mit einer Teigrolle fein zerbröseln, in eine Rührschüssel geben und die Butter unterrühren.

2_ Die Bröselmischung in den Mulden der Muffinform (mit Papierbackförmchen ausgelegt) verteilen, mit einem Löffel jeweils gut zu einem Boden andrücken. Die Form in den Kühlschrank stellen.

3_ Für die Creme Sahne, Kirschsaft und Zucker in einem Topf aufkochen lassen. Beide Schokoladen fein hacken und in eine Rührschüssel geben. Die Hälfte der Sahne-Kirsch-Flüssigkeit unterrühren und so lange rühren, bis die Schokolade geschmolzen ist. Dann die restliche Sahne-Kirsch-Flüssigkeit unterrühren. Die Butter in Stücken hinzugeben und alles zu einer glatten Masse verrühren. Die Masse so lange in den Kühlschrank stellen, bis eine spritzfähige Creme entstanden ist.

4_ Die Creme in einen Spritzbeutel mit Sterntülle (Ø 10 mm) füllen und auf die Bröselböden spritzen, dabei jeweils einen Rand aufspritzen. Je einen Löffel Kirschgrütze in die Mitte der Cupcakes geben und die restliche Creme daraufspritzen. Die Cupcakes 4 Stunden in den Kühlschrank stellen.

5_ Zum Bestäuben und Bestreuen die Cupcakes vor dem Servieren mit Kakao bestäuben und mit Krokant bestreuen.

→ TIPP:
Die Tartufo-Cupcakes mit Eiswaffeln garniert servieren.

PEANUTBUTTER-CUPCAKES

(Titelrezept, im Foto links)

FÜR DIE KARAMELLISIERTEN NÜSSE:
25 g weißer Zucker
25 g ungesalzene Erdnusskerne

FÜR DIE BÖDEN UND DIE CREME:
150 g Vollmilch-Schokolade
  (etwa 30 % Kakaoanteil)
200 g Zartbitter-Schokolade
  (etwa 50 % Kakaoanteil)

60 g Erdnusscreme (ohne Stückchen)
90 g Butter (zimmerwarm)
25 g Puderzucker
90 g Schlagsahne

ZUSÄTZLICH:
etwas neutrales Speiseöl für das Backblech
1 Mini-Muffinform für 24 Mini-Muffins
24 Mini-Muffin-Papierbackförmchen

1_ Ein Backblech mithilfe von Küchenpapier leicht mit etwas neutralem Speiseöl bestreichen.

2_ Für die karamellisierten Nüsse den Zucker in einem Topf bei mittlerer Hitze karamellisieren lassen. Sobald er beginnt, sich zu verfärben, die Erdnüsse hinzugeben und rühren, bis die Nüsse komplett mit der Zuckermasse überzogen sind.

3_ Die Erdnüsse anschließend zügig (bevor das Karamell zu dunkel wird) auf das mit Speiseöl bestrichene Backblech geben. Die Erdnüsse mit 2 Gabeln auseinanderziehen, damit sich keine großen Karamell-Klumpen bilden.

4_ Für die Böden beide Schokoladensorten in kleine Stücke brechen und entweder im Wasserbad oder in kurzen Intervallen in der Mikrowelle schmelzen. Jeweils 1 Teelöffel Schokolade in die Mulden der Muffinform (mit Papierbackförmchen ausgelegt) geben, sodass die Böden bedeckt sind. Einige Male auf die Unterseite der Form klopfen, um Luftbläschen zu vermeiden. Dann die Form etwa 30 Minuten in den Gefrierschrank stellen, damit die Schokolade schnell fest wird.

5_ Inzwischen für die Creme Erdnusscreme und 10 g Butter in einer Schüssel miteinander verrühren. Den Puderzucker dazusieben. Alles zu einer glatten, cremigen Masse verrühren und diese in einen Gefrierbeutel füllen, eine Ecke abschneiden (alternativ kann die Erdnusscreme natürlich auch mit einem Teelöffel verteilt werden).

6_ Die Form wieder aus dem Gefrierschrank nehmen und die Erdnusscreme gleichmäßig in den 24 Mulden verteilen. Dabei darauf achten, dass die Creme nicht zu nah an den Rand kommt, da sie später komplett mit Schokolade umhüllt werden soll.

7_ Anschließend die Hälfte der karamellisierten Erdnüsse klein hacken, auf die Erdnusscreme streuen und leicht andrücken.

8_ Restliche Schokolade evtl. nochmals schmelzen. Sahne leicht erwärmen und mit 150 g Schokolade in eine Rührschüssel geben. Alles mit einem Mixer (Rührstäbe) auf höchster Stufe etwa 5 Minuten aufschlagen, bis sich die Schüssel kalt anfühlt und die Zutaten sich gut verbunden haben.

9_ Die restliche, weiche Butter dazugeben und weitere etwa 3 Minuten schlagen, bis eine luftige, helle Creme entsteht. Die Creme in einen Gefrierbeutel geben, eine Ecke abschneiden. Das Topping um und auf die Erdnusscreme spritzen, sodass sie vollständig umschlossen ist. Die Cupcakes etwa 20 Minuten in den Kühlschrank stellen.

10_ Restliche Schokolade nochmals schmelzen. Dann die Cupcakes in die flüssige Schokolade tauchen, mit jeweils einer karamellisierten Erdnuss garnieren. Schokolade trocknen lassen.

PUMPERNICKEL-KIRSCH-CUPCAKES

FÜR DIE BÖDEN:

110 g Pumpernickel
50 g gehackte Mandeln
100 g Zartbitter-Schokolade
    (etwa 50 % Kakaoanteil)

FÜR DEN BELAG:

370 g abgetropfte Sauerkirschen (aus dem Glas)
500 g Schichtkäse oder Magerquark
400 g Schlagsahne (etwa 30 % Fett)
gut 1 ½ Pck. Saucenpulver Vanille-Geschmack
    ohne Kochen
50 g Zucker

ZUM GARNIEREN:

75–100 ml Sauerkirschsaft
    (von den Kirschen aus dem Glas)
knapp ½ Pck. Saucenpulver Vanille-Geschmack
    ohne Kochen

ZUSÄTZLICH:

1 Muffinform für 12 Muffins
12 Muffin-Papierbackförmchen

1_ Für die Böden Pumpernickel fein zerbröseln und in eine Rührschüssel geben. Die Mandeln untermischen.

2_ Die Schokolade in kleine Stücke brechen und in einem Topf im Wasserbad bei schwacher Hitze unter Rühren schmelzen. Die Schokolade zu der Pumpernickel-Mandel-Mischung geben und sorgfältig unterrühren.

3_ Die Pumpernickel-Schoko-Masse in den Mulden der Muffinform (mit Papierbackförmchen ausgelegt) verteilen und mit einem Löffel jeweils gut zu einem Boden andrücken. Die Form in den Kühlschrank stellen.

4_ Für den Belag von den Sauerkirschen den Saft auffangen und zum Garnieren beiseitestellen. Einige Sauerkirschen ebenfalls zum Garnieren beiseitelegen. Restliche Sauerkirschen auf den Bröselböden verteilen. Dann Schichtkäse oder

Quark mit 200 g Sahne in eine Rührschüssel geben. Saucenpulver und Zucker hinzufügen und alles gut verrühren. Restliche Sahne steif schlagen und unterheben.

5_ Die Creme in einen Spritzbeutel mit großer Lochtülle geben und so auf die Kirschen spritzen, dass in der Mitte jeweils eine Vertiefung entsteht. Die Cupcakes etwa 60 Minuten in den Kühlschrank stellen.

6_ Zum Garnieren 75–100 ml Sauerkirschsaft mit dem Saucenpulver verrühren. Die beiseitegelegten Sauerkirschen unterheben. Die Masse in die Vertiefungen der Cupcakes geben.

→ TIPPS:

Nach Belieben einige Pumpernickelbrösel in einer Pfanne anrösten und die Cupcakes damit bestreuen. Statt Kirschen schmecken auch Wald-Heidelbeeren.

Zubereitungszeit: 50 Minuten
Kühlzeit: mind. 2 Stunden und 10 Minuten

24 Stück

Pro Stück: E: 3 g, F: 8 g, Kh: 8 g, kJ: 484, kcal: 116, BE: 0,5

MINI-ESPRESSO-CUPCAKES

FÜR DIE BÖDEN:
*100 g einfache Karamellkekse
  (oder dünne, belgische Butterwaffeln)
50 g Butter*

FÜR DIE ESPRESSO-CREME:
*4 Blatt weiße Gelatine
50 ml Espresso oder starker Kaffee
250 g Ricotta (ital. Frischkäse)
125 g Speisequark (20 % Fett)
50 g Zucker
1 Pck. Dr. Oetker Bourbon-Vanille-Zucker*

*20 g feine Mokkabohnen aus
  Zartbitter-Mokkaschokolade
125 g Schlagsahne (mind. 30 % Fett)*

ZUM GARNIEREN:
*75 g Zartbitter-Kuvertüre
30 g feine Mokkabohnen aus
  Zartbitter-Mokkaschokolade
etwas Kakaopulver*

ZUSÄTZLICH:
*1 Mini-Muffinform (für 24 Mini-Muffins)
24 Mini-Muffin-Papierbackförmchen*

1_ Für die Böden Kekse oder Waffeln in Stücke brechen und in einen Gefrierbeutel geben. Den Beutel verschließen. Die Kekse mit einer Teigrolle zerbröseln und in eine Rührschüssel geben. Butter zerlassen, zu den Keksbröseln geben und gut vermischen.

2_ Die Bröselmasse in den Mulden der Muffinform (mit Papierbackförmchen ausgelegt) gleichmäßig verteilen und mit einem Teelöffel jeweils gut zu einem Boden andrücken. Die Form in den Kühlschrank stellen.

3_ Für die Creme Gelatine nach Packungsanleitung einweichen. Espresso oder Kaffee mit Ricotta, Quark, Zucker und Vanille-Zucker verrühren. Eingeweichte Gelatine leicht ausdrücken und in einem kleinen Topf bei schwacher Hitze unter Rühren auflösen. Gelatine zunächst mit etwa 4 Esslöffeln von der Ricottamasse verrühren, dann unter die restliche Ricottamasse rühren, in den Kühlschrank stellen.

4_ Mokkabohnen hacken. Die Sahne steif schlagen. Sobald die Ricottamasse anfängt dicklich zu werden, Sahne mit den gehackten Mokkabohnen unterheben. Die Creme in einen Einmal-Spritzbeutel geben und etwa 10 Minuten in den Kühlschrank legen. Dann vom Spritzbeutel eine Ecke abschneiden und die Ricottacreme leicht bergförmig in die Mulden der Form spritzen. Die Form mindestens 2 Stunden in den Kühlschrank stellen.

5_ Zum Garnieren Kuvertüre in kleine Stücke hacken, in einem kleinen Topf im Wasserbad bei schwacher Hitze unter Rühren schmelzen. Die Schüssel aus dem Wasserbad nehmen. Kuvertüre auf eine Platte oder ein Backblech gießen, dünn verstreichen und wieder fest werden lassen. Mit einem Spachtel breite Schokoladenlocken abschaben und im Kühlschrank aufbewahren.

6_ Vor dem Servieren die Cupcakes mit Mokkabohnen und Schokoladenlocken garnieren. Die Cupcakes mit Kakao bestäuben.

⏱ Zubereitungszeit: 35 Minuten, ohne Abkühl- und Trockenzeit Kühlzeit: etwa 4 Stunden

12 Stück

⊞ Pro Stück: E: 10 g, F: 37 g, Kh: 24 g, kJ: 1964, kcal: 469, BE: 2,0

ERDNUSSBUTTER-CUPCAKES

ZUM VORBEREITEN:
60 g Butter
100 g Mini-Salzbrezeln

FÜR DIE MASCARPONE-CREME:
3 Blatt weiße Gelatine
250 g Erdnussbutter
500 g Mascarpone (ital. Frischkäse)
125 g Crème fraîche
100 g Zucker

ZUM GARNIEREN:
80 g Zartbitter-Schokolade
(etwa 50 % Kakaoanteil)
12 Mini-Salzbrezeln
6 Mini-Erdnussriegel

ZUSÄTZLICH:
1 Muffinform für 12 Muffins
12 Muffin-Papierbackförmchen

1_ Zum Vorbereiten Butter zerlassen und abkühlen lassen. Brezeln in einen Gefrierbeutel geben, den Beutel fest verschließen. Brezeln mit einer Teigrolle fein zerbröseln und in eine Rührschüssel geben, die Butter unterrühren.

2_ Die Bröselmasse in den Mulden der Muffinform (mit Papierbackförmchen ausgelegt) verteilen und mit einem Löffel jeweils gut zu einem Boden andrücken. Die Form in den Kühlschrank stellen.

3_ Für die Creme Gelatine nach Packungsanleitung einweichen. Erdnussbutter, Mascarpone, Crème fraîche und Zucker in einer Rührschüssel mit einem Mixer (Rührstäbe) kurz aufschlagen. Eingeweichte Gelatine leicht ausdrücken und in einem kleinen Topf bei schwacher Hitze unter Rühren auflösen. Gelatine zunächst mit etwa 4 Esslöffeln von der Mascarpone-Creme verrühren, dann unter die restliche Mascarpone-Creme rühren.

4_ Die Mascarpone-Creme in einen Spritzbeutel mit Sterntülle (Ø 1 ½ cm) füllen und kreisförmig auf die Böden der Cupcakes spritzen. Die Form etwa 4 Stunden in den Kühlschrank stellen. Dann die Cupcakes aus der Muffinform nehmen und auf eine Platte setzen.

5_ Zum Garnieren Schokolade in Stücke brechen und in einem Topf im Wasserbad bei schwacher Hitze unter Rühren schmelzen. Die Brezeln etwa zur Hälfte in die Schokolade tauchen und auf einem Stück Backpapier trocknen lassen. Erdnussriegel in Stücke brechen. Die Cupcakes mit den Erdnussstücken und Brezeln garnieren.

→ TIPP:

Die Cupcakes schmecken auch mit je 1 Stückchen Banane. Dafür eine Banane schälen, in 12 Stücke schneiden. Je ein Bananenstück auf die Bröselböden legen. Die Creme um die Bananenstücke spritzen.

COOKIE-EIS-CUPCAKES

FÜR DIE EISMASSE:

80 g Puderzucker
150 g Cookies, z. B. mit Karamell- und
 Nuss-Stückchen
300 g Schlagsahne (mind. 30 % Fett)
40 g Marzipan-Rohmasse
2 Eigelb (Größe M)
1 Ei (Größe M)
1 EL Zucker

FÜR DAS TOPPING:

2 Eiweiß (Größe M)
80 g Zucker
evtl. 2–3 EL Haselnuss-Krokant

ZUSÄTZLICH:

1 Muffinform für 12 Muffins
12 Muffin-Papierbackförmchen
evtl. 1 Gasbrenner zum Abflämmen des Baisers

1_ Für die Eismasse den Puderzucker in einem kleinen Edelstahltopf bei mittlerer Hitze nach und nach unter Rühren goldbraun karamellisieren lassen. Den Karamell sofort auf ein Backblech (gefettet, mit Backpapier belegt) gießen, sodass eine flache Platte entsteht. Den Karamell erkalten lassen. Karamell erst in Stücke brechen, dann mit einer Teigrolle fein zerbröseln.

2_ Die Cookies in einen Gefrierbeutel geben. Den Beutel fest verschließen. Die Cookies mit einer Teigrolle grob zerbröseln.

3_ Die Sahne steif schlagen. Marzipan in hauchdünne Scheiben schneiden und mit dem Eigelb in eine Rührschüssel geben. Die Zutaten mit einem Mixer (Rührstäbe) zunächst kurz auf niedrigster, dann auf höchster Stufe schaumig schlagen. So lange schlagen, bis kein Marzipan mehr zu sehen ist. Zum Schluss die Karamellbrösel unterschlagen.

4_ Das Ei mit dem Mixer (Rührstäbe) auf höchster Stufe dickschaumig schlagen, dabei den Zucker einrieseln lassen. Die Eigelb-Marzipan-Masse mit der steif geschlagenen Sahne und den Cookie-

bröseln vorsichtig unter die Ei-Zucker-Masse heben. Die Eismasse gleichmäßig in den Mulden der Muffinform (mit Papierbackförmchen ausgelegt) verteilen. Die Muffinform zugedeckt mindestens 6 Stunden in den Gefrierschrank stellen.

5_ Für das Topping Eiweiß mit dem Mixer (Rührstäbe) auf höchster Stufe steif schlagen. Der Schnee muss so fest sein, dass ein Messerschnitt sichtbar bleibt. Nach und nach Zucker unterschlagen. So lange schlagen, bis der Eischnee stark glänzt.

6_ Die Baisermasse in einen Spritzbeutel mit Lochtülle (Ø etwa 1½ cm) füllen. Die Eis-Cakes aus der Form lösen. Auf jeden Cake einen dicken Tupfen Baiser spritzen und vorsichtig mit dem Gasbrenner abflämmen. Nach Belieben zum Servieren die Cupcakes mit dem Haselnuss-Krokant bestreuen.

HINWEIS:

Nur ganz frische Eier verwenden (Legedatum beachten, mind. 23 Tage Resthaltbarkeit). Die Cupcakes innerhalb von 24 Stunden verzehren.

PIÑA-COLADA-CUPCAKES

FÜR DIE BÖDEN:

180 g weiche Kokosmakronen oder -plätzchen
80 g Aprikosenkonfitüre

FÜR DAS TOPPING:

120 g gut abgetropfte Ananasstücke
(aus der Dose)
100 g Kokosraspel
125 g Zucker
200 g Schlagsahne (mind. 30 % Fett)
350 g Schmand (Sauerrahm)
1 TL abger. Schale von 1 Bio-Limette
(unbehandelt, ungewachst)
2 Btl. (30 g) aus 1 Pck. Gelatine fix

ZUM GARNIEREN:

12 gut abgetropfte Ananasstücke (aus der Dose)
12 Bio-Limettenscheiben
(unbehandelt, ungewachst)
einige vorbereitete Minzeblättchen
evtl. einige große Kokoschips

ZUSÄTZLICH:

1 Muffinform für 12 Muffins
12 Muffin-Papierbackförmchen

1_ Für die Böden Kokosmakronen oder -plätzchen in einen Gefrierbeutel geben, den Beutel fest verschließen. Die Kokosmakronen oder -plätzchen mit einer Teigrolle zerbröseln und in eine Rührschüssel geben. Die Brösel mit Aprikosenkonfitüre vermischen.

2_ Die Bröselmasse in den Mulden der Muffinform (mit Papierbackförmchen ausgelegt) gleichmäßig verteilen und mit einem Löffel gut zu je einem Boden andrücken. Die Form in den Kühlschrank stellen.

3_ Für das Topping Ananasstücke in kleine Würfel schneiden. Kokosraspel mit Zucker in einer Pfanne ohne Fett unter Rühren goldbraun rösten, auf einen Teller geben und abkühlen lassen. 2 Esslöffel von den Kokosraspeln beiseitestellen.

4_ Die Sahne steif schlagen. Schmand mit Limettenschale verrühren. Gelatine fix unterrühren. Ananaswürfel, restliche Kokosraspel und die Sahne unter die Schmandmasse ziehen.

5_ Die Creme mithilfe eines Eisportionierers auf die Böden der Cupcakes geben. Die Cupcakes etwa 3 Stunden in den Kühlschrank stellen. Dann die Cupcakes aus der Muffinform nehmen und auf eine Platte setzen.

6_ Zum Garnieren Ananasstücke waagerecht durchschneiden. Die Cupcakes mit den Ananasstücken und den beiseitegelegten Kokosraspeln bestreuen. Zum Servieren die Piña-Colada-Cupcakes mit Limettenscheiben, abgespülten, trocken getupften Minzeblättchen und nach Belieben mit Kokoschips garnieren und sofort servieren.

→ TIPP:

Für die Creme eignen sich keine frischen Ananasstücke, da die Ananas Enzyme enthält, die die Wirkung der Gelatine zerstören. Daher nur abgetropfte Ananasstücke aus der Dose verwenden.

HASELNUSS-KNUSPER-CAKES

ZUM VORBEREITEN:
50 g gehackte Haselnusskerne
10 g Zucker

FÜR DIE CREME:
80 g Zartbitter-Schokolade
(etwa 50% Kakaoanteil)
2 ½ Blatt weiße Gelatine
125 g Crème double

200 g Schlagsahne (mind. 30% Fett)
24 runde Waffeln mit Kakao-Hasel-
nusscreme-Füllung (z. B. von Manner)

ZUSÄTZLICH:
1 Muffinform für 12 Muffins
12 Muffin-Papierbackförmchen

1_ Zum Vorbereiten die Haselnusskerne mit dem Zucker in einer Pfanne unter Rühren leicht bräunen, herausnehmen und auf einem Teller erkalten lassen.

2_ Für die Creme die Schokolade in kleine Stücke brechen und in einem kleinen Topf im Wasserbad bei schwacher Hitze unter Rühren schmelzen. Gelatine nach Packungsanleitung einweichen. Geschmolzene Schokolade mit Crème double in einer Rührschüssel verrühren.

3_ Eingeweichte Gelatine leicht ausdrücken und in einem kleinen Topf bei schwacher Hitze unter Rühren auflösen. Gelatine zuerst mit 2–3 Esslöffeln von der Schokomasse verrühren, dann unter die restliche Schokomasse rühren. Sahne steif schlagen und unterheben.

4_ In die Mulden der Muffinform (mit Papierbackförmchen ausgelegt) jeweils eine Waffel als Boden legen. Die Schokoladencreme in einen Spritzbeutel mit Lochtülle (Ø 12 mm) füllen. Die Hälfte der Creme auf die Waffeln in der Form spitzen und mit der Hälfte der Nussmischung bestreuen. Jeweils eine Waffel darauflegen und leicht andrücken. Die restliche Schokoladencreme daraufspritzen. Die Cupcakes etwa 1 Stunde in den Kühlschrank stellen. Vor dem Servieren mit den restlichen Haselnusskernen bestreuen.

MÖHREN-GEWÜRZ-CUPCAKES

FÜR DIE BÖDEN:

150 g getrocknete Datteln, ohne Stein
100 g abgezogene, gem. Mandeln
100 g Kokosraspel
1 Msp. gem. Ingwer
¼ TL gem. Zimt

FÜR DIE CREME:

4 Blatt weiße Gelatine
2 Eier (Größe M)
75 g Zucker
250 g Mascarpone (ital. Frischkäse)
100 ml Möhrensaft

1 Msp. Vanillepulver
1 Spritzer Zitronensaft

ZUM VERZIEREN UND GARNIEREN:

150 g Schlagsahne (mind. 30 % Fett)
1 Möhre
gem. Zimt

ZUSÄTZLICH:

1 Muffinform für 12 Muffins
12 Muffin-Papierbackförmchen

1_ Für die Böden die Datteln in kleine Stücke schneiden. Datteln mit Mandeln, Kokosraspeln, Ingwer und Zimt in einer Küchenmaschine mixen.

2_ Die Dattel-Mandel-Masse in den Mulden der Muffinform (mit Papierbackförmchen ausgelegt) gleichmäßig verteilen und mit einem Löffel jeweils zu einem Boden andrücken.

3_ Für die Creme Gelatine nach Packungsanleitung einweichen. Eier mit 4 Esslöffeln Zucker in einer Edelstahlschüssel verrühren und im heißen Wasserbad mit dem Mixer (Rührstäbe) oder Schneebesen bei schwacher Hitze dickcremig aufschlagen.

4_ Mascarpone mit restlichem Zucker, Möhrensaft, Vanillepulver und Zitronensaft verrühren, die schaumige Eiermasse unterziehen. Eingeweichte Gelatine leicht ausdrücken und in einem Topf bei schwacher Hitze unter Rühren auflösen. Gelatine zunächst mit etwa 4 Esslöffeln von der Creme verrühren, dann unter die restliche Creme rühren.

5_ Die Creme kuppelförmig auf die Böden der Cupcakes geben. Cupcakes mindestens 3 Stunden in den Kühlschrank stellen. Dann die Cupcakes aus der Muffinform nehmen und auf eine Platte setzen.

6_ Zum Verzieren und Garnieren die Sahne steif schlagen, in einen Spritzbeutel mit Blatttülle (Ø 2 cm) oder Lochtülle (Ø 10 mm) füllen und Tupfen auf die Cupcakes spritzen. Die Möhre putzen, schälen, abspülen, trocken tupfen und grob raspeln. Die Cupcakes mit den Möhrenraspeln bestreuen und mit Zimt bestäuben. Die Möhren-Gewürz-Cupcakes sofort servieren.

HINWEIS:

Für die Creme nur ganz frische Eier verwenden (Legedatum beachten, mind. 23 Tage Resthaltbarkeit).

GREEK-CUPCAKES

FÜR DIE BÖDEN:
140 g Butter
200 g Butterkekse

FÜR DIE CREME:
300 g kernlose Weintrauben (blau)
700 g griechischer Sahnejoghurt (10 % Fett)
4 EL flüssiger Honig
2 Pck. Quarkfein Zitrone (Dessertpulver)

ZUM BETRÄUFELN UND BESTREUEN:
etwas flüssiger Honig
einige gehackte Pistazienkerne

ZUSÄTZLICH:
1 Muffinform für 12 Muffins
12 Muffin-Papierbackförmchen

1_ Für die Böden Butter zerlassen und abkühlen lassen. Kekse in einen Gefrierbeutel geben, den Beutel fest verschließen. Kekse mit einer Teigrolle fein zerbröseln, in eine Rührschüssel geben und die Butter unterrühren.

2_ Die Bröselmasse in den Mulden der Muffinform (mit Papierbackförmchen ausgelegt) verteilen und mit einem Löffel jeweils gut zu einem Boden und zu einem leichten Rand andrücken. Die Form in den Kühlschrank stellen.

3_ Für die Creme Weintrauben abspülen, trocken tupfen, entstielen und in Scheiben schneiden. Einige Weintraubenscheiben zum Garnieren beiseitelegen. Joghurt mit Honig verrühren, Quarkfein unterrühren, zuletzt die restlichen Weintraubenscheiben unterheben.

4_ Die Joghurtcreme auf den Bröselböden kuppelförmig verteilen und mindestens 2 Stunden in den Kühlschrank stellen. Dann die Cupcakes aus der Muffinform nehmen und auf eine Platte setzen.

5_ Die Cupcakes mit den beiseitegelegten Weintraubenscheiben belegen und direkt vor dem Servieren mit Honig beträufeln und mit den gehackten Pistazienkernen bestreuen.

POPCORN-KARAMELL-CUPCAKES

FÜR DIE BÖDEN:
100 g dreieckige Vollmilch-Schokolade
30 g salziges Popcorn

FÜR DAS TOPPING:
2 Blatt weiße Gelatine
60 g Marshmallow-Creme (Fluff)
2 EL Doppelrahm-Frischkäse
4 EL Karamell-Brotaufstrich
*   (z. B. von Bonne Maman)*
150 g Schlagsahne (mind. 30 % Fett)

ZUM BESTREUEN:
30 g dreieckige Vollmilch-Schokolade

ZUSÄTZLICH:
1 Muffinform für 12 Muffins
12 Muffin-Papierbackförmchen

1_ Für die Böden die Schokolade grob hacken, in einem kleinen Topf im Wasserbad bei schwacher Hitze unter Rühren schmelzen. Popcorn mit den Händen klein zerbröseln, zu der geschmolzenen Schokolade geben und gut vermischen.

2_ Die schokolierten Popcornbrösel in den Mulden der Muffinform (mit Papierbackförmchen ausgelegt) gleichmäßig verteilen und mit einem Löffel jeweils gut zu einem Boden andrücken. Die Form in den Kühlschrank stellen.

3_ Für das Topping die Gelatine nach Packungsanleitung einweichen. Marshmallow-Creme mit Frischkäse und 2 Esslöffeln Karamell-Brotaufstrich glatt rühren.

4_ Eingeweichte Gelatine leicht ausdrücken und in einem kleinen Topf bei schwacher Hitze unter Rühren auflösen. Gelatine zunächst mit etwa 4 Esslöffeln von der Karamellmasse verrühren, dann unter die restliche Karamellmasse rühren und in den Kühlschrank stellen.

5_ Sahne steif schlagen. Sobald die Karamellmasse anfängt dicklich zu werden, die Sahne unterheben. Restlichen Karamell-Brotaufstrich in einen Spritzbeutel mit Lochtülle (Ø 1 ½ cm) füllen und darin gut verteilen („durchkneten"). Dann die Marshmallow-Creme einfüllen und auf die Popcornböden spritzen (so entsteht eine Marmorierung aus Marshmallow-Creme und Karamell). Die Form mindestens 4 Stunden in den Kühlschrank stellen. Dann die Cupcakes aus der Muffinform nehmen und auf eine Platte setzen.

6_ Zum Bestreuen die Schokolade in Stücke hacken und vor dem Servieren auf die Cupcakes streuen.

ERDBEER-JOGHURT-TÖRTCHEN

ZUM VORBEREITEN:

100 g Butter oder Margarine
200 g Butterkekse
4 Erdbeer-Joghurt-Riegel (etwa 50 g)

FÜR DEN BELAG:

600 g Erdbeeren
600 g Joghurt (3,5 % Fett)
2 Pck. Quarkfein Erdbeer-Geschmack
　(Dessertpulver)

ZUM GARNIEREN:

3 Erdbeer-Joghurt-Riegel
einige vorbereitete Minzeblättchen

ZUSÄTZLICH:

1 Muffinform für 12 Muffins
12 Muffin-Papierbackförmchen

1_ Zum Vorbereiten Butter oder Margarine zerlassen und abkühlen lassen. Die Kekse in einen Gefrierbeutel geben, den Beutel fest verschließen. Die Kekse mit einer Teigrolle fein zerbröseln, zu der zerlassenen Butter oder Margarine geben und sorgfältig vermischen. Erdbeer-Joghurt-Riegel in kleine Würfel schneiden und hinzugeben.

2_ Die Bröselmischung in den Mulden der Muffinform (mit Papierbackförmchen ausgelegt) verteilen und mit einem Löffel so zu Böden andrücken, dass jeweils ein kleiner Rand entsteht. Die Form in den Kühlschrank stellen.

3_ Für den Belag Erdbeeren abspülen, abtropfen lassen und entstielen. 6 Erdbeeren zum Garnieren beiseitelegen. Restliche Erdbeeren in kleine Würfel schneiden. Joghurt mit Quarkfein nach Packungsanleitung zubereiten. Die Erdbeerwürfel unterheben. Die Erdbeercreme auf den vorbereiteten Böden in den Mulden der Form verteilen und leicht kuppelförmig verstreichen.

4_ Zum Garnieren die beiseitegelegten Erdbeeren in Scheiben schneiden. Die Erdbeer-Joghurt-Riegel ebenfalls in Scheiben schneiden. Die Cupcakes mit den Erdbeer- und Joghurt-Riegel-Scheiben garnieren. Vor dem Servieren mit abgespülten, trocken getupften Minzeblättchen garnieren.

PAVLOVA-CUPCAKES

100 g weiße Schokolade
12 kleine Baiserschalen (Fertigprodukt)
1 reife Mango
250 g Joghurt (3,5% Fett)
60 g Zucker
6 Blatt weiße Gelatine
200 g Schlagsahne (mind. 30% Fett)

125 ml Maracujanektar
½ Pck. ungezuckerter Tortenguss, klar
1 EL Zucker
1 Maracuja

ZUSÄTZLICH:
12 Silikon-Cupcake-Förmchen

1_ Schokolade grob hacken, in einem Topf im Wasserbad bei schwacher Hitze unter Rühren schmelzen. Die Baiserschalen innen mit der Schokolade bestreichen und fest werden lassen.

2_ Von der Mango das Fruchtfleisch vom Stein schneiden und schälen. Von dem Fruchtfleisch insgesamt 24 feine Spalten abschneiden und zugedeckt beiseitestellen. Restliches Fruchtfleisch klein schneiden und pürieren (ergibt etwa 200 g Püree). Mangopüree mit Joghurt und Zucker verrühren.

3_ Gelatine nach Packungsanleitung einweichen. Eingeweichte Gelatine leicht ausdrücken und in einem kleinen Topf bei schwacher Hitze unter Rühren auflösen. Gelatine zunächst mit 2–3 Esslöffeln von der Mango-Joghurt-Masse verrühren, dann unter die restliche Mango-Joghurt-Masse rühren. Sahne steif schlagen und mit einem Schneebesen unterheben.

4_ Die Mangocreme in den Silikon-Cupcake-Förmchen gleichmäßig verteilen und mindestens 6 Stunden in den Kühlschrank stellen. Dann die Cupcakes aus den Förmchen lösen und auf die vorbereiteten Baiserböden stürzen.

5_ Die Cupcakes mit jeweils 2 der beiseitegelegten Mangospalten garnieren. Aus Maracujanektar, Tortengusspulver und Zucker einen Guss nach Packungsanleitung zubereiten. Maracuja halbieren und mit einem Löffel das Fruchtfleisch mit den Kernen herauslösen und unter den Guss rühren. Den Guss auf den Cupcakes verteilen, Guss fest werden lassen. Die Cupcakes bis zum Servieren in den Kühlschrank stellen.

→ TIPP:

Von der weißen Schokolade einige Späne mit einem Messer abschaben und die Cupcakes vor dem Servieren damit bestreuen.

VERY-BERRY-CUPCAKES

FÜR DIE EISMASSE:

200 g gemischte TK-Beeren (ungezuckert)
100 g Extra Gelierzucker (2:1)
100 g Baisers (Fertigprodukt)
350 g Schlagsahne (mind. 30 % Fett)
1 Pck. Dr. Oetker Vanillin-Zucker

ZUM GARNIEREN:

24 Himbeeren

FÜR DAS TOPPING:

150 g Schlagsahne (mind. 30 % Fett)
1 TL Zucker

ZUSÄTZLICH:

1 Muffinform für 12 Muffins
12 Muffin-Papierbackförmchen

1_ Für die Eismasse die gefrorenen Beeren mit dem Gelierzucker in einem kleinen Topf bei mittlerer Hitze zum Kochen bringen, dabei ab und zu umrühren. Den Topf von der Kochstelle nehmen und die Beeren erkalten lassen.

2_ Baisers in einen Gefrierbeutel füllen. Den Beutel fest verschließen. Baisers mit einer Teigrolle grob zerbröseln.

3_ Die Sahne mit dem Vanillin-Zucker in eine Rührschüssel geben. Die Sahne mit einem Mixer (Rührstäbe) steif schlagen, dann unter die erkalteten Beeren heben. Zuletzt die Baiserbrösel unterheben.

4_ Die Masse gleichmäßig in den Mulden der Muffinform (für 12 Muffins, mit Papierbackförmchen ausgelegt) verteilen. Die Muffinform mit Frischhaltefolie zugedeckt mindestens 6 Stunden in einen Gefrierschrank stellen.

5_ Zum Garnieren die Himbeeren verlesen, evtl. kurz abspülen und gut trocken tupfen.

6_ Für das Topping Sahne und Zucker mit dem Mixer (Rührstäbe) steif schlagen. Die Sahne in einen Spritzbeutel mit Sterntülle (Ø 10 mm) füllen.

7_ Die Very-Berry-Cupcakes aus der Muffinform nehmen, mit der Sahne verzieren, mit je 2 Himbeeren garnieren und sofort servieren.

STACHELBEER-CRISP-CUPCAKES

FÜR DIE BÖDEN:
70 g Butter
150 g Amarettini (ital. Mandelmakronen)

FÜR DIE STACHELBEERCREME:
200 g abgetropfte Stachelbeeren (aus dem Glas)
100 ml Stachelbeersaft (aus dem Glas)
200 g Schlagsahne (mind. 30 % Fett)
250 g Ricotta (ital. Frischkäse)
2 Pck. Saucenpulver Vanille-Geschmack
  ohne Kochen

ZUM BESTREUEN UND BESTÄUBEN:
50 g Amarettini (ital. Mandelmakronen)
50 g Marzipan-Rohmasse
1 EL Puderzucker

ZUSÄTZLICH:
1 Muffinform für 12 Muffins
12 Muffin-Papierbackförmchen

1_ Für die Böden die Butter zerlassen und abkühlen lassen. Amarettini mit den Händen grob zerbröseln und in eine Rührschüssel geben, die Butter gut untermischen. Die Bröselmischung in den Mulden der Muffinform (mit Papierbackförmchen ausgelegt) gleichmäßig verteilen und mit einem Löffel jeweils gut zu einem Boden andrücken. Die Form in den Kühlschrank stellen.

2_ Für die Creme von den Stachelbeeren den Saft auffangen und 100 ml Saft davon abmessen. Sahne steif schlagen. Stachelbeersaft mit Ricotta und Saucenpulver verrühren. Sahne und Stachelbeeren unterheben.

3_ Die Creme auf den Böden der Cupcakes verteilen. Die Form mindestens 4 Stunden in den Kühlschrank stellen. Dann die Cupcakes aus der Muffinform nehmen und auf eine Platte setzen.

4_ Zum Bestreuen und Bestäuben Amarettini in eine Rührschüssel geben und zerbröseln. Marzipan auf einer groben Haushaltsreibe reiben und hinzugeben. Amarettini und Marzipan mit den Händen zu Streuseln verarbeiten.

5_ Die Stachelbeer-Cupcakes vor dem Servieren mit den Streuseln bestreuen und mit Puderzucker bestäuben.

HEIDELBEER-RICOTTA-CUPCAKES

FÜR DIE BÖDEN:
150 g Zwieback
150 g Butter
1 Pck. Dr. Oetker Finesse Geriebene
*   Zitronenschale*

FÜR DIE FÜLLUNG:
200 g Heidelbeeren
60 g Zucker
4½ Blatt weiße Gelatine
180 g Ricotta (ital. Frischkäse)
1 Msp. ger. Muskatnuss
150 g Schlagsahne (mind. 30% Fett)

ZUM VERZIEREN UND GARNIEREN:
200 g Schlagsahne (mind. 30% Fett)
1 Pck. Sahnesteif
1 TL Zucker
50 g Heidelbeeren
etwas ger. Muskatnuss

ZUSÄTZLICH:
1 Muffinform für 12 Muffins
12 Muffin–Papierbackförmchen

1_ Für die Böden Zwieback in einen Gefrierbeutel geben. Den Beutel fest verschließen. Zwieback mit einer Teigrolle fein zerbröseln. Brösel in eine Rührschüssel geben. Butter zerlassen, mit der Zitronenschale zu den Zwiebackbröseln geben und gut verrühren.

2_ Die Bröselmasse in den Mulden der Muffinform (mit Papierbackförmchen ausgelegt) verteilen, mit einem Löffel jeweils gut zu einem Boden mit einem kleinen Rand andrücken. Die Muffinform in den Kühlschrank stellen.

3_ Für die Füllung Heidelbeeren verlesen, vorsichtig abspülen und gut abtropfen lassen. Heidelbeeren mit Zucker pürieren.

4_ Gelatine nach Packungsanleitung einweichen. Heidelbeerpüree mit Ricotta verrühren. Muskat hinzufügen. Eingeweichte Gelatine leicht aus- drücken und in einem kleinen Topf bei schwacher Hitze unter Rühren auflösen. Gelatine zunächst mit etwa 2 Esslöffeln von der Ricotta-Heidelbeer-Masse verrühren, dann unter die restliche Ricotta-Heidelbeer-Masse rühren. Die Masse in den Kühlschrank stellen.

5_ Sahne steif schlagen. Sobald die Ricotta-Heidel- beer-Masse anfängt dicklich zu werden, die Sahne unterheben. Ricotta-Heidelbeer-Creme auf die Bröselböden geben und glatt streichen. Die Cupcakes etwa 2 Stunden in den Kühlschrank stellen, die Creme fest werden lassen.

6_ Zum Verzieren und Garnieren Sahne mit Sahne- steif und Zucker steif schlagen. Die Sahne auf die Cupcakes geben und mit der runden Seite eines Teelöffels wellenartig verstreichen. Die Cupcakes mit abgespülten, trocken getupften Heidelbeeren belegen und mit Muskat bestäubt servieren.

MANGO-MASCARPONE-CUPCAKES

ZUM VORBEREITEN:
70 g Butter
100 g Spekulatius

FÜR DIE MASCARPONECREME:
5 Blatt weiße Gelatine
500 g Mascarpone (ital. Frischkäse)
8 EL Mangosaft (aus der Flasche)
50 g Puderzucker

1 reife Mango
50 ml Mangosaft
½ Pck. ungezuckerter Tortenguss, klar
1 EL Zucker

ZUSÄTZLICH:
1 Muffinform für 12 Muffins
12 Muffin-Papierbackförmchen

1_ Zum Vorbereiten Butter zerlassen und abkühlen lassen. Spekulatius in einen Gefrierbeutel geben, den Beutel fest verschließen. Spekulatius mit einer Teigrolle fein zerbröseln, in eine Rührschüssel geben und mit der Butter vermischen.

2_ Die Bröselmischung in der Muffinform (mit Papierbackförmchen ausgelegt) gleichmäßig verteilen und mit einem Löffel jeweils gut zu einem Boden andrücken. Die Muffinform in den Kühlschrank stellen.

3_ Für die Creme Gelatine nach Packungsanleitung einweichen. Mascarpone mit Mangosaft und Puderzucker in einer Rührschüssel mit einem Mixer (Rührstäbe) kurz aufschlagen. Eingeweichte Gelatine leicht ausdrücken und in einem kleinen Topf bei schwacher Hitze unter Rühren auflösen. Gelatine zunächst mit etwa 4 Esslöffeln von der Mascarponecreme verrühren, dann unter die restliche Mascarponecreme rühren. Die Creme in den Kühlschrank stellen.

4_ Sobald die Creme anfängt dicklich zu werden, die Creme in einen Spritzbeutel mit Lochtülle (Ø 1 ½ cm) füllen. Die Mascarponecreme kreisförmig auf die Bröselböden spritzen. Die Muffinform etwa 2 Stunden in den Kühlschrank stellen.

5_ Das Mangofruchtfleisch vom Stein schneiden. Fruchtfleisch schälen und in kleine Stücke schneiden. Die Mangostücke auf den Cupcakes verteilen. Den Mangosaft mit Wasser auf 125 ml auffüllen. Aus Tortengusspulver, Zucker und Saft einen Guss nach Packungsanleitung zubereiten.

6_ Den Guss auf den Mangostücken verteilen. Guss fest werden lassen. Dann die Cupcakes aus der Muffinform nehmen, auf eine Platte setzen und bis zum Servieren in den Kühlschrank stellen.

→ TIPP:

Die Cupcakes zum Servieren mit Kokosraspeln oder Kokoschips bestreuen.

RHABARBER-DICKMILCH-CUPCAKES

400 g Zitronenkuchen (Fertigprodukt)

FÜR DEN BELAG:
400–500 g Rhabarber
1 Vanilleschote
8 Blatt weiße Gelatine
2 EL Wasser
80 g Zucker

FÜR DIE CREME:
250 g Dickmilch
120 g Schlagsahne (mind. 30 % Fett)
1–2 EL Zucker zum Garnieren

ZUSÄTZLICH:
12 Muffin-Silikonförmchen

1_ Den Zitronenkuchen in 12 etwa 1 cm dicke Scheiben schneiden. Aus jeder Scheibe mit einer Ausstechform (Ø etwa 5 cm) einen Kreis ausstechen. Die Kuchenkreise als Böden in die Silikonförmchen legen.

2_ Für den Belag Rhabarber abspülen, abtropfen lassen. Stielenden und Blattansätze entfernen. Stangen in kleine Stücke schneiden. Die Vanilleschote längs aufschneiden und das Mark mit dem Messerrücken herausschaben.

3_ Gelatine nach Packungsanleitung einweichen. Rhabarber, Wasser, 40 g Zucker, Vanilleschote und -mark in einem Topf aufkochen, unter Rühren etwa 10 Minuten musig einkochen lassen. Einige Rhabarberstücke (mindestens 12 Stücke) herausnehmen, bevor sie verkocht sind und beiseitelegen. Vanilleschote entfernen.

4_ Das Rhabarbermus in 2 Portionen teilen. Unter eine Hälfte 3 Blatt ausgedrückte Gelatine rühren und unter Rühren darin auflösen. Dann das Rhabarbermus auf den Kuchenböden in den Silikonförmchen verteilen, in den Kühlschrank stellen und fest werden lassen.

5_ Für die Creme restliche Gelatine in einem kleinen Topf bei schwacher Hitze unter Rühren auflösen. Dickmilch, restliches Rhabarbermus und restlichen Zucker verrühren. 3 Esslöffel davon unter die Gelatine rühren, dann mit der restlichen Rhabarbermasse verrühren und in den Kühlschrank stellen.

6_ Sobald die Masse anfängt dicklich zu werden, Sahne steif schlagen und unterheben. Die Creme auf den Cupcakes verteilen. Die Cupcakes mindestens 3 Stunden in den Kühlschrank stellen.

7_ Zum Servieren die beiseitegelegten Rhabarberstücke in Zucker wälzen und die Cupcakes damit garnieren.

→ **TIPP:**
Die Cupcakes nach Belieben zusätzlich mit jeweils einem Sahnetuff verzieren.

BEEREN-BAISER-CUPCAKES

FÜR DIE BÖDEN:

100 g Baisers (Fertigprodukt)
100 g Zartbitter-Kuvertüre

FÜR DEN BELAG:

350 g gemischte Beeren, z. B. Himbeeren, Brombeeren und Johannisbeeren
7 Blatt weiße Gelatine

500 g Kefir oder Dickmilch
80 g Zucker
200 g Schlagsahne (mind. 30 % Fett)

ZUM GARNIEREN:

25 g Zartbitter-Kuvertüre
20 g Baisertupfen (Fertigprodukt)

ZUSÄTZLICH:

1 Muffinform für 12 Muffins
12 Muffin-Papierbackförmchen

1_ Für die Böden Baisers grob zerbröseln und in eine Rührschüssel geben. Kuvertüre grob hacken, in einem Topf im Wasserbad bei schwacher Hitze unter Rühren schmelzen. Kuvertüre zu den Baiserbröseln geben und gut vermischen.

2_ Die Baisermasse in den Mulden der Muffinform (mit Papierbackförmchen ausgelegt) verteilen und mit einem Löffel jeweils gut zu einem Boden andrücken. Die Form in den Kühlschrank stellen.

3_ Für den Belag Beeren verlesen. Himbeeren evtl. kurz abspülen und gut abtropfen lassen. Brombeeren und Johannisbeeren abspülen, gut abtropfen lassen, Johannisbeeren entstielen.

4_ Gelatine nach Packungsanleitung einweichen. Kefir oder Dickmilch mit Zucker verrühren. Eingeweichte Gelatine leicht ausdrücken und in einem kleinen Topf bei schwacher Hitze unter Rühren auflösen.

5_ Zunächst etwas von der Kefir- oder Dickmilchmasse mit der Gelatine verrühren, dann unter die restliche Masse rühren, in den Kühlschrank stellen.

6_ Die Bröselböden mit den Förmchen aus der Muffinform heben. Die Sahne steif schlagen. Sobald die Masse anfängt dicklich zu werden, die Sahne unterheben. 250 g Beeren auf den Baiser-Schoko-Böden verteilen. Die Sahnecreme in einen Spritzbeutel mit Lochtülle (Ø 10 mm) geben und kreisförmig aufspritzen. Die Cupcakes mit den restlichen Beeren (100 g) garnieren, 2–3 Stunden in den Kühlschrank stellen.

7_ Zum Garnieren Kuvertüre grob hacken und wie unter Punkt 1 beschrieben schmelzen. Die Cupcakes mit der Kuvertüre besprenkeln. Die Cupcakes mit den Baisertupfen garnieren.

→ TIPP:

Anstatt die Baiserbrösel mit der Kuvertüre zu vermischen, einfach alle Brösel in den Mulden verteilen, mithilfe eines Löffels mit einem Teil der Kuvertüre besprenkeln und fest werden lassen. Nun können die „zusammengeklebten" Baiserbrösel vorsichtig mit der restlichen Kuvertüre bestrichen werden. Dann erscheint im Anschnitt ein Kuvertürestreifen und außerdem weichen die Böden nicht so schnell durch.

LEMON-CHEESE-CUPCAKES

24 Zitronenkekse

FÜR DIE FRISCHKÄSECREME:

200 g Schlagsahne (mind. 30 % Fett)
400 g Doppelrahm-Frischkäse
150 ml Orangensaft
1 Pck. Lemon-Cheesecake Cremedessert
2 Bio-Orangen (unbehandelt, ungewachst)
½ Pck. ungezuckerter Tortenguss, klar
2 EL Zucker
125 ml Orangensaft

ZUSÄTZLICH:

1 Muffinform für 12 Muffins
12 Muffin-Papierbackförmchen

1_ Jeweils einen Keks in die Mulden der Muffinform (mit Papierbackförmchen ausgelegt) legen.

2_ Für die Creme die Sahne steif schlagen. Frischkäse mit Orangensaft verrühren, dabei das Lemon-Cheesecake-Pulver einrieseln lassen und gut unterrühren. Die Sahne sofort unter die Frischkäsecreme heben.

3_ Die Frischkäsecreme in einen Spritzbeutel mit Lochtülle (Ø 10 mm) füllen und auf jeden Keks einen Tupfen spritzen. Darauf jeweils einen zweiten Keks legen und leicht andrücken. Einen weiteren Tupfen Creme daraufspritzen. Die Cupcakes mindestens 4 Stunden in den Kühlschrank stellen. Dann die Cupcakes aus der Muffinform nehmen und auf eine Platte setzen.

4_ Die Orangen so schälen, dass die weiße Haut vollständig mitentfernt wird. Die Orangen in jeweils 6 Scheiben schneiden. Die Cupcakes mit je einer Orangenscheibe belegen.

5_ Aus Tortengusspulver, Zucker und Orangensaft einen Guss nach Packungsanleitung zubereiten und auf die Orangenscheiben geben. Den Guss kurz fest werden lassen, dann die Cupcakes sofort servieren.

ERDBEER-PANNA-COTTA-CAKES

FÜR DEN RAND UND DEN BODEN:

375 g Butterkekse mit
Zartbitter-Schokolade
25 g Butter

FÜR DIE PANNA-COTTA-FÜLLUNG:

6 Blatt weiße Gelatine
500 g Erdbeeren
300 g Schlagsahne
40 g Puderzucker
1 EL Zitronensaft

ZUSÄTZLICH:

1 Muffinform für 12 Muffins
12 Muffin-Papierbackförmchen

1_ Für den Rand 24 Butterkekse jeweils mit einem Sägemesser von der kurzen Seite her 2-mal durchschneiden, sodass aus jedem Keks 3 gleich große Stangen entstehen.

2_ Jeweils 6 Keksstangen gleichmäßig verteilt als Rand an die Mulden der Muffinform (mit Papierbackförmchen ausgelegt) stellen. Die Schokoladenseite soll dabei nach innen zeigen.

3_ Die restlichen Butterkekse in Stücke brechen, in einen Blitzhacker geben und fein zerbröseln.

4_ Die Butter in einem kleinen Topf zerlassen und die Keksbrösel unterrühren. Die Bröselmasse mit einem Teelöffel gleichmäßig in den Papierbackförmchen verteilen und jeweils vorsichtig zu einem Boden andrücken.

5_ Die Muffinform für etwa 30 Minuten in den Kühlschrank stellen.

6_ Für die Füllung in der Zwischenzeit Gelatine nach Packungsanleitung einweichen. Die Erdbeeren abspülen, entstielen und gut auf Küchenpapier abtropfen lassen. 6 Erdbeeren zum Garnieren beiseitelegen. 250 g Erdbeeren pürieren. Restliche Erdbeeren fein würfeln.

7_ Sahne mit Puderzucker und Erdbeerpüree in einem Topf unter Rühren zum Kochen bringen. Den Topf von der Kochstelle nehmen, die eingeweichte Gelatine leicht ausdrücken und in der heißen Erdbeersahne unter Rühren auflösen. Zitronensaft unterrühren.

8_ Die Erdbeersahne in den Kühlschrank stellen und unter gelegentlichem Rühren erkalten lassen, bis sie beginnt zu gelieren. Dann die Erdbeerwürfel unterrühren.

9_ Die Füllung gleichmäßig in den mit Butterkeksstangen ausgelegten Papierbackförmchen verteilen. Die zum Garnieren beiseitegelegten Erdbeeren halbieren und jedes Törtchen mit einer Erdbeerhälfte belegen. Die Form mindestens 60 Minuten in den Kühlschrank stellen.

10_ Die Erdbeer-Panna-Cotta-Cakes mit den Papierbackförmchen aus der Muffinform heben und servieren.

HIMBEER-FLORENTINER-CUPCAKES

(Titelrezept, im Foto Mitte)

5 Blatt weiße Gelatine
500 g Himbeeren
1 Pck. Gelierzucker für Erdbeersauce
   (ohne Kochen)
500 g Mascarpone (ital. Frischkäse)
7–8 EL Maracujanektar (aus der Flasche)
7–9 EL Puderzucker
36 Mini-Florentiner
   (entspricht etwa 2 Packungen je 100 g)

ZUM GARNIEREN:
einige kleine silberne Zuckerperlchen
* (Nonpareilles)*

ZUSÄTZLICH:
1 Muffinform für 12 Muffins
12 Muffin-Papierbackförmchen

1_ Gelatine nach Packungsanleitung einweichen. Himbeeren verlesen, vorsichtig abspülen, gut auf Küchenpapier abtropfen lassen. Die Hälfte der Himbeeren in einen hohen Rührbecher geben und pürieren. Das Püree durch ein feines Sieb streichen, um die Kerne zu entfernen. Das Himbeermark mit dem Erdbeersaucen-Pulver pürieren. Restliche Himbeeren zum Garnieren beiseitelegen.

2_ Mascarpone in eine Rührschüssel geben und mit einem Mixer (Rührstäbe) kurz aufschlagen. Maracujanektar und 4 Esslöffel Puderzucker hinzugeben und kurz verrühren. Nach Belieben die Mascarponecreme mit dem restlichen Puderzucker abschmecken.

3_ Eingeweichte Gelatine leicht ausdrücken und in einem Topf bei schwacher Hitze unter Rühren auflösen. Gelatine zunächst mit etwa 4 Esslöffeln Mascarponecreme verrühren, dann unter die restliche Creme rühren. Die Himbeersauce so unterheben, dass eine Marmorierung entsteht.

4_ Die Mulden der Muffinform (mit Papierbackförmchen ausgelegt) mit jeweils 1 Florentiner auslegen. Die Himbeer-Mascarponecreme in einen Spritzbeutel mit Lochtülle (Ø 12 mm) geben, etwas davon auf die Florentiner spritzen, mit einem weiteren Florentiner bedecken. So weiter in die Mulden schichten, bis Mascarponecreme und Florentiner aufgebraucht sind, dabei jeweils mit einer Cremehaube abschließen. Die Cupcakes etwa 2 Stunden in den Kühlschrank stellen.

5_ Die Cupcakes zum Servieren mit den restlichen Himbeeren und einigen Zuckerperlchen garnieren.

→ **TIPP:**

Sollte das Himbeermark oder die Mascarponecreme für Ihren Geschmack zu süß schmecken, etwas frisch gepressten Zitronensaft hinzugeben und unterrühren. Statt der frischen Himbeeren können Sie auch TK-Himbeeren verwenden, diese nach Packungsanleitung nebeneinander auftauen lassen.

ETON-MESS-CUPCAKES

FÜR DIE BÖDEN:
100 g Baisers (Fertigprodukt)

FÜR DEN BELAG:
250 g TK-Heidelbeeren (Blaubeeren)
60 g Gelierzucker (3:1)
2 EL Kirschsaft
6 Blatt weiße Gelatine
300 g Sahne-Pudding Vanille-Geschmack
  (aus dem Kühlregal)
200 g Schlagsahne (mind. 30 % Fett)
evtl. Melisseblättchen

ZUSÄTZLICH:
1 Muffinform für 12 Muffins
12 Muffin-Papierbackförmchen

1_ Für die Böden Baisers grob zerbröseln und etwa ein Drittel der Brösel gleichmäßig in den Mulden der Muffinform (mit Papierbackförmchen ausgelegt) verteilen.

2_ Für den Belag die gefrorenen Heidelbeeren mit Gelierzucker und Kirschsaft in einem kleinen Topf unter Rühren zum Kochen bringen und etwa 4 Minuten unter gelegentlichem Rühren dicklich einkochen lassen. Die Heidelbeermasse auf einen Teller geben und erkalten lassen.

3_ Gelatine nach Packungsanleitung einweichen. Eingeweichte Gelatine leicht ausdrücken und in einem kleinen Topf bei schwacher Hitze unter Rühren auflösen.

4_ Gelatine zunächst mit 3–4 Esslöffeln von dem Sahne-Pudding verrühren, dann unter den restlichen Sahne-Pudding rühren und in den Kühlschrank stellen.

5_ Sahne steif schlagen. Sobald die Masse anfängt dicklich zu werden, Sahne und die Hälfte der Heidelbeermasse locker unterziehen. Die Heidelbeersahne mit den restlichen Baiserstücken und der restlichen Heidelbeermasse auf die Cupcakes schichten. Cupcakes etwa 60 Minuten in den Kühlschrank stellen. Dann die Cupcakes aus der Muffinform nehmen und auf eine Platte setzen.

6_ Die Eton-Mess-Cupcakes nach Belieben mit abgespülten, trocken getupften Melisseblättchen garnieren und sofort servieren.

→ TIPPS:
Die Eton-Mess-Cupcakes sollten möglichst rasch verzehrt werden, da die Baisers durchweichen. Wenn Sie Muffinförmchen aus Pappe verwenden (Foto), benötigen Sie keine zusätzliche Muffinform.

FRISCHKÄSE-
MELONEN-CUPCAKES

(Titelrezept, im Foto rechts)

FÜR DIE BÖDEN:
200 g Zitronenkuchen (Fertigprodukt)
2 EL Zitronenmarmelade

FÜR DIE FRISCHKÄSECREME:
400 g körniger Frischkäse
2 EL flüssigerHonig
20 g Zucker
30 ml Zitronensaft
3 EL Kokossirup
200 g Schlagsahne (mind. 30 % Fett)
2 Btl. (30 g) aus 1 Pck. Gelatine fix

FÜR DAS MELONEN-TOPPING:
½ Charentais- und ½ Honigmelone
2 Stängel Pfefferminze
50 ml Maracujanektar
½ Pck. ungezuckerter Tortenguss, klar
1 EL Zucker

ZUSÄTZLICH:
1 Muffinform für 12 Muffins
12 Muffin-Papierbackförmchen

1_ Für die Böden den Kuchen mit den Händen in eine Rührschüssel bröseln. Die Marmelade hinzugeben und die Zutaten sorgfältig vermischen. Die Kuchenbrösel-Mischung in den Mulden der Muffinform (mit Papierbackförmchen ausgelegt) verteilen und mit einem Löffel jeweils gut zu einem Boden andrücken.

2_ Für die Creme Frischkäse mit Honig, Zucker, Zitronensaft und Sirup verrühren. Die Sahne steif schlagen. Dabei Gelatine fix nach Packungsanleitung einrieseln lassen. Die Sahne sofort unter die Frischkäsecreme heben.

3_ Die Frischkäsecreme auf den Kuchenbrösel-Böden in den Mulden der Muffinform verteilen und glatt streichen. Die Muffinform mindestens 2 Stunden in den Kühlschrank stellen.

4_ Für das Topping aus den Melonenhälften jeweils die Kerne mit einem Esslöffel herauslösen. Das Fruchtfleisch mit einem Kugelausstecher auslösen oder die Melonenhälften schälen und in gleich große Würfel schneiden.

5_ Minze abspülen, trocken tupfen und die Blättchen von den Stängeln zupfen. Minzeblättchen in feine Streifen schneiden. Melonenkugeln oder -würfel mit Minzestreifen mischen.

6_ Die Melonen auf den Cupcakes verteilen. Maracujanektar mit Wasser auf 125 ml auffüllen und mit Tortengusspulver und Zucker daraus einen Guss nach Packungsanleitung zubereiten. Die Melonen damit abglänzen. Die Cupcakes bis zum Servieren in den Kühlschrank stellen.

→ TIPPS:

Statt Kokossirup können Sie auch Kokoslikör verwenden. Die Cupcakes zusätzlich mit abgespülten, trocken getupften Pfefferminzstreifen garnieren.

KOKOS-BANANEN-CUPCAKES

FÜR DIE BÖDEN:
70 g Butter
100 g Löffelbiskuits

FÜR DIE CREME:
4 Blatt weiße Gelatine
2–3 reife Bananen (Fruchtfleisch etwa 250 g)
300 g Kokosnusscreme (aus der Dose)
½ Pck. Zitronensäure
1 TL abger. Schale von 1 Bio-Limette
(unbehandelt, ungewachst)

FÜR DAS TOPPING:
200 g Schlagsahne (mind. 30 % Fett)
2 Pck. Dr. Oetker Bourbon-Vanille-Zucker
1 Pck. Sahnesteif
12 Bananenchips
evtl. Limettenzesten von 1 Bio-Limette
(unbehandelt, ungewachst)

ZUSÄTZLICH:
1 Muffinform für 12 Muffins
12 Muffin-Papierbackförmchen

1_ Für die Böden Butter zerlassen und abkühlen lassen. Löffelbiskuits in einen Gefrierbeutel geben, den Beutel fest verschließen. Löffelbiskuits mit einer Teigrolle fein zerbröseln und in eine Rührschüssel geben, die Butter unterrühren.

2_ Die Bröselmasse in den Mulden der Muffinform (mit Papierbackförmchen ausgelegt) verteilen und mit einem Löffel jeweils gut zu einem Boden andrücken. Die Form in den Kühlschrank stellen.

3_ Für die Creme Gelatine nach Packungsanleitung einweichen. Bananen schälen und in einen hohen Rührbecher geben. Kokoscreme, Zitronensäure und Limettenschale hinzugeben. Die Zutaten mit einem Pürierstab pürieren.

4_ Eingeweichte Gelatine leicht ausdrücken und in einem kleinen Topf bei schwacher Hitze unter Rühren auflösen. Gelatine zunächst mit etwa 2 Esslöffeln von der Kokos-Bananen-Masse verrühren, dann unter die restliche Kokos-Bananen-Masse rühren. Anschließend in den Kühlschrank stellen.

5_ Sobald die Kokos-Bananen-Masse anfängt dicklich zu werden, diese auf die Bröselböden geben und glatt streichen. Die Cupcakes etwa 4 Stunden in den Kühlschrank stellen. Dann die Cupcakes aus der Form nehmen und auf eine Platte setzen.

6_ Für das Topping Sahne mit Vanille-Zucker und Sahnesteif steif schlagen und in einen Spritzbeutel mit Sterntülle (Ø 12 mm) füllen. Die Cupcakes damit verzieren und mit Bananenchips garnieren. Nach Belieben mit Limettenzesten bestreuen.

Zubereitungszeit: 30 Minuten
Kühlzeit: mind. 2 Stunden und
45 Minuten

12 Stück

Pro Stück: E: 3 g, F: 15 g, Kh: 21 g,
kJ: 980, kcal: 234, BE: 2,0

MARSHMALLOW-ERDBEER-CUPCAKES

FÜR DIE BÖDEN:

100 g Butterkekse
70 g Butter
40 g Vollmilch–Schokolade
  (etwa 30 % Kakaoanteil)

FÜR DEN BELAG:

500 g kleine Erdbeeren
4 Blatt weiße Gelatine
150 g weiße Mini–
  Marshmallows
1–2 EL Zitronensaft

300 g Schlagsahne
  (mind. 30 % Fett)

ZUSÄTZLICH:

1 Muffinform für 12 Muffins
12 Muffin-Papierbackförmchen

1_ Für die Böden Butterkekse in einen Gefrierbeutel geben. Den Beutel fest verschließen. Butterkekse mit einer Teigrolle fein zerbröseln und in eine Rührschüssel geben. Die Butter zerlassen, zu den Bröseln geben und gut verrühren.

2_ Die Bröselmasse gleichmäßig in den Mulden der Muffinform (mit Papierbackförmchen ausgelegt) verteilen und mit einem Löffel jeweils gut zu einem Boden andrücken. Die Form etwa 30 Minuten in den Kühlschrank stellen.

3_ Die Schokolade in kleine Stücke brechen und in einem kleinen Topf im Wasserbad bei schwacher Hitze unter Rühren schmelzen. Schokolade auf die Bröselböden geben und mit einem Löffel verstreichen. Die Form nochmals in den Kühlschrank stellen. Schokolade fest werden lassen.

4_ Für den Belag Erdbeeren abspülen und abtropfen lassen. 6 Erdbeeren zum Garnieren beiseitelegen, restliche Erdbeeren entstielen. Auf jeden Cupcake-Boden in die Mitte 1 Erdbeere setzen. Die restlichen Erdbeeren pürieren (ergibt etwa 200 g).

5_ Die Gelatine nach Packungsanleitung einweichen. 100 g Marshmallows mit Zitronensaft und Erdbeerpüree in einen kleinen Topf geben und unter ständigem Rühren bei schwacher Hitze schmelzen.

6_ Gelatine leicht ausdrücken, zu der Marshmallow-Erdbeer-Masse geben und unter Rühren darin auflösen. Die Marshmallow-Erdbeer-Masse etwa 15 Minuten in den Kühlschrank stellen.

7_ Sahne steif schlagen und unter die Marshmallow-Erdbeer-Masse heben. Die Marshmallow-Erdbeer-Creme in einen Spritzbeutel mit Lochtülle (Ø 12 mm) geben und dekorativ so in die Mulden der Form spritzen, dass die Erdbeeren vollständig mit dem Topping bedeckt sind. Die restlichen Marshmallows nach Belieben halbieren, darauf verteilen und leicht andrücken. Die Cupcakes mindestens 2 Stunden in den Kühlschrank stellen.

8_ Zum Servieren die beiseitegelegten Erdbeeren halbieren und die Marshmallow-Erdbeer-Cupcakes damit garnieren.

LIMETTEN-ROSMARIN-CUPCAKES

FÜR DIE BÖDEN:
40 g Butter
100 g Eiswaffeln

FÜR DIE QUARKCREME:
1 Stängel Rosmarin
1 Bio-Limette (unbehandelt, ungewachst)
½ Pck. (75 g) Käse-Sahne-Tortencreme
100 ml warmes Wasser
250 g Magerquark
250 g Schlagsahne (mind. 30 % Fett)

ZUM GARNIEREN:
3 EL Zucker
2 EL Wasser
5 EL Rosmarinnadeln

ZUSÄTZLICH:
1 Mini-Muffinform für 24 Mini-Muffins
24 Mini-Muffin-Papierbackförmchen

1_ Für die Böden Butter zerlassen und abkühlen lassen. Eiswaffeln in einen Gefrierbeutel geben, den Beutel fest verschließen. Eiswaffeln mit einer Teigrolle fein zerbröseln und in eine Rührschüssel geben, die Butter unterrühren.

2_ Die Waffelmasse in der Muffinform (mit Papierbackförmchen ausgelegt) gleichmäßig verteilen und mit einem Löffel jeweils gut zu einem Boden andrücken. Die Form in den Kühlschrank stellen.

3_ Für die Creme Rosmarin abspülen, trocken tupfen und die Nadeln von dem Stängel zupfen. Die Nadeln klein schneiden. Limette heiß abwaschen, abtrocknen und die Schale fein abreiben.

4_ Tortencremepulver mit Wasser und Quark nach Packungsanleitung zubereiten. Rosmarin und Limettenschale unterrühren. Sahne steif schlagen und unterheben.

5_ Die Creme in einen Spritzbeutel mit Lochtülle (Ø 12 mm) füllen und auf die Böden der Cupcakes spritzen. Die Form etwa 2 Stunden in den Kühlschrank stellen. Dann die Cupcakes aus der Muffinform nehmen und auf eine Platte setzen.

6_ Zum Garnieren 2 Esslöffel Zucker mit 2 Esslöffeln Wasser in einem kleinen Topf aufkochen. Abgespülte, trocken getupfte Rosmarinnadeln durch den Zuckersirup ziehen und mit dem restlichen Zucker bestreuen. Rosmarinnadeln auf Backpapier trocknen lassen.

7_ Die Limetten-Rosmarin-Cupcakes vor dem Servieren mit den gezuckerten Rosmarinnadeln hübsch garnieren.

RUMKUGEL-CUPCAKES

FÜR DIE BÖDEN:
40 g Butter
40 g Puderzucker
½ Röhrchen Rum-Aroma
1 TL gesiebtes Kakaopulver
175 g Marmorkuchen (Fertigprodukt)

FÜR DIE MOUSSE:
150 g Schlagsahne (mind. 30 % Fett)
100 g Orangen-Schokolade
2 Eigelb (Größe M)

1 Ei (Größe M)
50 g Zucker
1 Btl. (15 g) aus 1 Pck. Gelatine fix

ZUM BESTREUEN:
2 EL Schokoladenstreusel

ZUSÄTZLICH:
1 Mini-Muffinform für 24 Mini-Muffins
24 Mini-Muffin-Papierbackförmchen

1_ Für die Böden Butter mit Puderzucker in einer Rührschüssel mit dem Mixer (Rührstäbe) schaumig schlagen. Rum-Aroma und Kakao unterrühren. Den Kuchen fein zerbröseln und unter die Buttermasse rühren.

2_ Die Bröselmasse in den Mulden einer Mini-Muffin-form (mit Papierbackförmchen ausgelegt) gleich-mäßig verteilen und mit einem Löffel gut zu je einem Boden andrücken. Die Muffinform in den Kühlschrank stellen.

3_ Für die Mousse die Sahne steif schlagen und in den Kühlschrank stellen. Schokolade in kleine Stücke brechen und in einem Topf im Wasserbad bei schwacher Hitze unter Rühren schmelzen. Eigelb, Ei und Zucker in einer Edelstahlschüssel verrühren und im heißen Wasserbad mit dem Mixer (Rührstäbe) oder Schneebesen bei schwacher Hitze dickcremig aufschlagen.

4_ Die geschmolzene Schokolade unter die schaumige Eiermasse rühren und etwas abkühlen lassen. Dann die Sahne unterheben und Gelatine fix unterschlagen. Mousse in einen Spritzbeutel mit Lochtülle (Ø 12 mm) füllen und so lange in den Kühlschrank legen, bis die Mousse spritzfähig ist.

5_ Die Mousse auf die Böden der Cupcakes spritzen. Die Cupcakes mindestens 3 Stunden in den Kühlschrank stellen und die Mousse fest werden lassen. Dann die Cupcakes aus der Muffinform nehmen und auf eine Platte setzen.

6_ Die Rumkugel-Cupcakes mit Schokoladen-streuseln bestreuen und servieren.

HINWEIS:
Für die Mousse nur ganz frische Eier verwenden (Legedatum beachten, mind. 23 Tage Resthaltbarkeit).

BUTTERMILCH-KIRSCH-CAKES
„UPSIDE DOWN"

FÜR DIE BUTTERMILCHFÜLLUNG:

1 Pck. gem. Gelatine, weiß
250 g Buttermilch
100 g Zucker
1 Pck. Dr. Oetker Vanillin-Zucker
2 EL Kirschlikör
500 g Schlagsahne (mind. 30 % Fett)

FÜR DAS KIRSCHKOMPOTT:

etwa 200 g Sauerkirschen
2 TL Speisestärke
50 g Zucker
100 ml Wasser oder Kirschsaft
10 runde Butter- oder Haferkekse
  (Ø etwa 8 cm)

ZUSÄTZLICH:

10 Kaffeetassen oder Timbale-Förmchen
  (Ø etwa 8 cm)

1_ Für die Füllung Gelatine mit etwa 3 Esslöffeln von der Buttermilch in einem kleinen Topf anrühren und etwa 10 Minuten quellen lassen.

2_ Die restliche Buttermilch mit Zucker und Vanillin-Zucker verrühren. Gequollene Gelatine im Topf unter Rühren bei schwacher Hitze auflösen. Den Kirschlikör unterrühren. Die aufgelöste Gelatine unter die Buttermilchflüssigkeit rühren und in den Kühlschrank stellen.

3_ Sahne steif schlagen. Sobald die Buttermilchflüssigkeit anfängt dicklich zu werden, die Sahne mit einem Schneebesen unterheben.

4_ Die Buttermilchcreme in die mit kaltem Wasser ausgespülten Kaffeetassen oder Timbale-Förmchen füllen. Die Tassen oder Förmchen etwa 3 Stunden in den Kühlschrank stellen.

5_ Für das Kirschkompott Kirschen abspülen, abtropfen lassen, entstielen und entsteinen. Speisestärke mit Zucker mischen, mit etwas Wasser oder Saft anrühren. Restliches Wasser oder restlichen Saft mit den Kirschen in einem Topf zum Kochen bringen. Angerührte Speisestärke unter Rühren hinzufügen und unter Rühren kurz aufkochen lassen. Kirschkompott erkalten lassen.

6_ Die Buttermilchcreme aus den Tassen oder Förmchen lösen und jeweils auf einen Keksboden stürzen. Etwas Kirschkompott auf die Buttermilch-Cakes geben. Die Buttermilch-Kirsch-Cakes leicht gekühlt servieren.

TIRAMISU-CUPCAKES

200 ml heißer, starker Kaffee
4 EL Kaffeelikör

FÜR DIE MASCARPONE-CREME:
4 Blatt weiße Gelatine
250 g Mascarpone (ital. Frischkäse)
250 g Sahne-Pudding Vanille-Geschmack
    (aus dem Kühlregal)
1–2 EL Puderzucker

15 Löffelbiskuits
120 g Schlagsahne (mind. 30 % Fett)

ZUM BESTÄUBEN:
2 EL Kakaopulver

ZUSÄTZLICH:
1 Muffinform für 12 Muffins
10 Muffin-Papierbackförmchen

1_ Den heißen Kaffee mit Kaffeelikör verrühren und abkühlen lassen.

2_ Für die Creme Gelatine nach Packungsanleitung einweichen. Mascarpone mit Pudding glatt rühren, mit Puderzucker abschmecken. Eingeweichte Gelatine leicht ausdrücken und in einem kleinen Topf bei schwacher Hitze unter Rühren auflösen.

3_ Gelatine zunächst mit 2–3 Esslöffeln von der Mascarponemasse verrühren, dann unter die restliche Mascarponemasse rühren und in den Kühlschrank stellen.

4_ Die Löffelbiskuits mit einem Sägemesser quer halbieren und kurz in die Kaffee-Likör-Mischung tauchen. Jeweils 3 Biskuithälften aufrecht in 10 Mulden der Muffinform (mit Papierback-förmchen ausgelegt) stellen.

5_ Die Sahne steif schlagen. Sobald die Mascarpone-masse anfängt dicklich zu werden, die Sahne unterheben. Die Mascarpone-Creme in einen Spritzbeutel mit Sterntülle (Ø 13 mm) füllen und große Tupfen in die mit Löffelbiskuits ausgekleide-ten Papierbackförmchen spritzen. Die Cupcakes etwa 4 Stunden in den Kühlschrank stellen und die Creme fest werden lassen.

6_ Die Tiramisu-Cupcakes mit Kakao bestäuben, mit den Papierbackförmchen aus der Muffinform heben und servieren.

HUGO-CUPCAKES

FÜR DIE BÖDEN:
120 g Löffelbiskuits
90 g Butter

FÜR DEN BELAG:
5 Blatt weiße Gelatine
250 g Mascarpone
* (ital. Frischkäse)*
100 ml Holunderblütensirup

200 g Schlagsahne
* (etwa 30 % Fett)*
1 EL Limettensaft

FÜR DAS TOPPING:
6 Blatt weiße Gelatine
100 ml Holunderblütensirup
1 ½ EL Limettensaft
200 ml Prosecco

etwa 3 Stängel Minze
1 Bio-Limette (unbehandelt,
* ungewachst)*

ZUSÄTZLICH:
1 Muffinform für 12 Muffins
12 Muffin-Papierbackförmchen

1_ Für die Böden die Löffelbiskuits in einen Gefrierbeutel geben. Den Beutel fest verschließen, mit einer Teigrolle die Löffelbiskuits fein zerbröseln und in eine Rührschüssel geben. Butter zerlassen und mit den Bröseln gut verrühren.

2_ Die Biskuitbröselmischung in den Mulden der Muffinform (mit Papierbackförmchen ausgelegt) gleichmäßig verteilen und mit einem Löffel jeweils gut zu einem Boden andrücken. Die Form etwa 20 Minuten in den Kühlschrank stellen, bis die Böden fest geworden sind.

3_ Für den Belag Gelatine nach Packungsanleitung einweichen. Mascarpone mit Sirup, Sahne und Limettensaft in einer Rührschüssel mit einem Mixer (Rührstäbe) cremig rühren. Gelatine leicht ausdrücken und in einem kleinen Topf bei schwacher Hitze unter Rühren auflösen. Die Gelatine zuerst mit etwa 3 Esslöffeln von der Mascarponecreme verrühren, dann unter die restliche Creme rühren.

4_ Die Mascarponecreme auf den Löffelbiskuitböden verteilen. Die Form etwa 1 ½ Stunden in den Kühlschrank stellen.

5_ In der Zwischenzeit für das Topping Gelatine nach Packungsanleitung einweichen. Sirup, Limettensaft und Prosecco verrühren. Gelatine leicht ausdrücken und in einem kleinen Topf bei schwacher Hitze unter Rühren auflösen.

6_ Die Gelatine zuerst mit 3 Esslöffeln von der Prosecco-Flüssigkeit verrühren, dann unter die restliche Flüssigkeit rühren. Von der Prosecco-Gelatine-Flüssigkeit 5 Esslöffel abnehmen und beiseitestellen. Restliche Prosecco-Gelatine-Flüssigkeit in eine flache Schale (etwa 16 x 12 x 3 cm) gießen. Die Schale so lange in den Kühlschrank stellen, bis die Masse fest geworden ist.

7_ Minze abspülen, mit Küchenpapier trocken tupfen und die Blättchen von den Stängeln abzupfen. Limette heiß abwaschen, abtrocknen und in etwa 6 Scheiben schneiden. Die Scheiben vierteln.

8_ Je 3–4 Minzeblättchen auf die Mascarponecreme legen und je 1–2 Limettenviertel hineinstecken. Blättchen und Limettenviertel mit der beiseitegestellten Prosecco-Gelatine-Flüssigkeit mit einem Backpinsel bestreichen (evtl. die Flüssigkeit nochmals kurz erwärmen) und im Kühlschrank fest werden lassen.

9_ Die Cupcakes aus der Form lösen. Die fest gewordene Prosecco-Masse in Würfel schneiden und auf den Cupcakes verteilen. Die Hugo-Cupcakes sofort servieren.

HONIGKUCHEN-CHAI-CUPCAKES

FÜR DIE BÖDEN:
12 Scheiben Honigkuchen (Fertigprodukt)
50 ml Orangenlikör

FÜR DIE MOUSSE:
2 ½ Blatt weiße Gelatine
1 Ei (Größe M)
30 g Zucker
125 ml Chai-Lassi
125 g Schlagsahne (mind. 30 % Fett)

ZUM BESTREUEN:
25 g gehobelte Mandeln
1 EL Zucker

ZUSÄTZLICH:
1 Muffinform für 12 Muffins
12 Muffin-Papierbackförmchen

1_ Für die Böden aus den Honigkuchenscheiben mit einer runden Ausstechform Kreise (Ø etwa 4 cm) ausstechen und als Boden in die Mulden der Muffinform (mit Papierbackförmchen ausgelegt) legen. Die Böden mit dem Likör tränken.

2_ Für die Mousse Gelatine nach Packungsanleitung einweichen. Ei mit Zucker in einer Edelstahlschüssel verrühren und im heißen Wasserbad mit dem Mixer (Rührstäbe) oder Schneebesen bei schwacher Hitze dick cremig aufschlagen. Chai-Lassi unterrühren.

3_ Eingeweichte Gelatine leicht ausdrücken, in einem kleinen Topf bei schwacher Hitze unter Rühren auflösen. Gelatine zunächst mit 3 Esslöffeln von der Chai-Masse verrühren, dann unter die restliche Chai-Masse rühren und in den Kühlschrank stellen.

4_ Sahne steif schlagen. Sobald die Chai-Masse anfängt dicklich zu werden, die Sahne vorsichtig unterheben. Die Chai-Creme auf den getränkten Böden der Cupcakes verteilen. Die Cupcakes mindestens 3 Stunden in den Kühlschrank stellen und die Chai-Creme fest werden lassen. Dann die Cupcakes aus der Muffinform nehmen und auf eine Platte setzen.

5_ Zum Bestreuen Mandeln mit Zucker in einer Pfanne ohne Fett unter Wenden rösten und leicht karamellisieren lassen. Die Mandeln auf einen geölten Teller geben und abkühlen lassen. Die Chai-Cupcakes mit den Mandeln bestreuen.

MINI-PFLAUMEN-PARFAIT-CUPCAKES

FÜR DIE BÖDEN:
etwa 48 ovale belgische Mini-Waffelblätter

FÜR DIE PARFAITMASSE:
2 Blatt weiße Gelatine
2 Eier (Größe M)
125 g Buttermilch
45 g Zucker
150 g Pflaumen

35 g Zucker
¼ TL gem. Zimt
1 Pck. Dr. Oetker Bourbon-Vanille-Zucker
2 EL Pflaumenmus
150 g Schlagsahne (mind. 30 % Fett)

ZUM VERZIEREN:
150 g Schlagsahne (mind. 30 % Fett)

1 Pck. Dr. Oetker Bourbon-Vanille-Zucker
evtl. 1 EL Zwetschengeist

ZUSÄTZLICH:
1 Mini-Muffinform für 24 Mini-Muffins
24 Butterbrot- oder Back- papierstücke (9 x 9 cm)
1 Einmal-Spritzbeutel

1_ Für die Böden die Waffelblätter halbieren. 24 Hälften zum Garnieren beiseitelegen. Die Mulden einer Muffinform (für 24 Mini-Muffins) mit den Papierstücken sorgfältig auslegen. Jeweils eine Waffelhälfte als Boden in die Mulden legen.

2_ Für die Parfaitmasse Gelatine nach Packungs- anleitung einweichen. Eier mit Buttermilch und Zucker in einem Topf unter ständigem Rühren mit einem Schneebesen bei mittlerer Hitze zu einer dickcremigen Masse aufschlagen. Achtung: Die Masse darf dabei nicht kochen, sie gerinnt sonst!

3_ Den Topf von der Kochstelle nehmen und sofort in eiskaltes Wasser stellen. Eingeweichte Gelatine ausdrücken und in der Eier-Buttermilch-Masse unter Rühren auflösen. Die Masse unter Rühren erkalten lassen.

4_ Pflaumen abspülen, abtrocknen und entstielen. Etwa 4 Pflaumen zum Garnieren beiseitelegen. Die restlichen Pflaumen halbieren, entsteinen und in kleine Stücke schneiden. Pflaumenstücke mit

Zucker, Zimt und Vanille-Zucker pürieren. Pflaumenmus unterrühren.

5_ Sahne sehr steif schlagen. Nacheinander die Pflaumenmasse und die Sahne unter die Eier- Buttermilch-Masse rühren. Die Parfaitmasse abwechselnd mit den Waffelblättern in die Förmchen schichten (pro Förmchen werden 3 Waffelblätterhälften eingeschichtet). Die Form etwa 4 Stunden in den Gefrierschrank stellen.

6_ Zum Verzieren die beiseitegelegten Pflaumen halbieren, entsteinen und in Spalten schneiden. Die Sahne steif schlagen, mit Vanille-Zucker und nach Belieben mit Zwetschengeist aromatisieren. Auf jeden Mini-Cupcake einen Tupfen Sahne geben, mit den Pflaumenspalten garnieren. Restlichen Waffelblätterhälften zerbröseln und auf die Cupcakes streuen.

HINWEIS:

Nur ganz frische Eier verwenden (Legedatum beachten, mind. 23 Tage Resthaltbarkeit).

HIMBEER-LIMONCELLO-CUPCAKES

FÜR DIE BÖDEN:
100 g Butter
200 g Haferkekse

FÜR DEN BELAG:
250 g Himbeeren

FÜR DIE ZITRONENCREME:
250 g Schlagsahne (mind. 30 % Fett)
200 g Doppelrahm-Frischkäse
100 g Lemoncurd
   (Zitronencreme, aus dem Glas)

50 ml Limoncello (Zitronenlikör)
2 Btl. (30 g) aus 1 Pck. Gelatine fix
1 Bio-Zitrone (unbehandelt, ungewachst)
1 EL Zucker
evtl. Puderzucker

ZUSÄTZLICH:
1 Muffinform für 12 Muffins
12 Muffin-Papierbackförmchen

1_ Für die Böden Butter zerlassen und abkühlen lassen. Kekse in einen Gefrierbeutel geben, den Beutel fest verschließen. Kekse mit einer Teigrolle fein zerbröseln, in eine Rührschüssel geben und mit der Butter vermischen.

2_ Die Bröselmischung in den Mulden der Muffinform (mit Papierbackförmchen ausgelegt) verteilen, mit einem Löffel jeweils zu einem Boden andrücken. Die Form in den Kühlschrank stellen.

3_ Für den Belag Himbeeren verlesen, kurz abspülen und sehr gut trocken tupfen. 12 Himbeeren zum Garnieren beiseitelegen. Restliche Himbeeren auf den Bröselböden verteilen.

4_ Für die Creme die Sahne steif schlagen. Frischkäse mit Lemoncurd und Limoncello verrühren, Gelatine fix unterrühren. Die Sahne sofort unter die Frischkäsemasse heben.

5_ Die Frischkäsecreme in einen Spritzbeutel mit Lochtülle (Ø 10 mm) füllen und Tupfen auf und um die Himbeeren spritzen. Die Form mindestens 2 Stunden in den Kühlschrank stellen.

6_ Die Cupcakes aus der Muffinform nehmen und auf eine Platte setzen.

7_ Die Himbeer-Limoncello-Cupcakes mit den beiseitegelegten Himbeeren garnieren. Zitrone heiß abwaschen, abtrocknen und die Schale in feinen Zesten mit einem Zestenreißer abschälen. Zitronenschale mit Zucker mischen. Die Cupcakes mit Zitronenzucker und nach Belieben mit Puderzucker bestäuben.

→ TIPP:

Wenn Sie auf Alkohol verzichten möchten, ersetzen Sie den Likör durch 50 g Zitronenjoghurt.

SCHOKO-BIRNEN-CUPCAKES

FÜR DIE BÖDEN:
160 g Schoko-Knusperpralinen

FÜR DEN FRUCHTSPIEGEL:
4 Blatt weiße Gelatine
460 g abgetropfte Birnenhälften (aus der Dose)

FÜR DIE BIRNENMOUSSE:
3 Blatt weiße Gelatine
100 g Schmand (Sauerrahm)
2 Pck. Dr. Oetker Bourbon-Vanille-Zucker

20 ml Birnengeist
125 g Schlagsahne (mind. 30 % Fett)

ZUM GARNIEREN:
2 abgetropfte Mini-Birnen (aus der Dose)
30 g Zartbitter-Kuvertüre

ZUSÄTZLICH:
1 Muffinform für 24 Mini-Muffins
24 Mini-Muffin-Papierbackförmchen

1_ Für die Böden je eine Knusperpraline als Boden in die Mulden der Muffinform (mit Papierbackförmchen ausgelegt) legen.

2_ Für den Fruchtspiegel Gelatine nach Packungsanleitung einweichen. Birnenhälften fein pürieren und 300 g abwiegen. Eingeweichte Gelatine leicht ausdrücken und in einem kleinen Topf bei schwacher Hitze unter Rühren auflösen. Gelatine zunächst mit etwa 4 Esslöffeln des abgewogenen Birnenpürees verrühren, dann unter das restliche Birnenpüree rühren. Jeweils einen Esslöffel von dem Birnenpüree auf die Knusperpralinenböden geben und in den Kühlschrank stellen.

3_ Für die Mousse Gelatine nach Packungsanleitung einweichen. Restliches Birnenpüree (160 g) mit Schmand und Vanille-Zucker verrühren. Eingeweichte Gelatine leicht ausdrücken und mit dem Birnengeist in einem kleinen Topf bei schwacher Hitze unter Rühren auflösen. Gelatine zunächst mit etwa 4 Esslöffeln Birnenmousse verrühren, dann unter die restliche Birnenmousse rühren und in den Kühlschrank stellen.

4_ Sahne steif schlagen. Sobald die Birnenmousse anfängt dicklich zu werden, Sahne unterheben. Die Mousse in einen Spritzbeutel mit Sterntülle (Ø 10 mm) füllen und jeweils kleine Tupfen auf die Fruchtspiegel spritzen. Die Cupcakes mindestens 60 Minuten in den Kühlschrank stellen. Dann die Cupcakes aus der Muffinform nehmen und auf eine Platte setzen.

5_ Zum Garnieren die Mini-Birnen in Spalten schneiden und entkernen. Die Cupcakes damit garnieren. Kuvertüre klein hacken, in einem kleinen Topf im Wasserbad bei schwacher Hitze unter Rühren schmelzen. Die Cupcakes mit der Kuvertüre besprenkeln und sofort servieren.

→ TIPP:

Falls Sie keine Papierbackförmchen bekommen, können Sie Butterbrot- oder Backpapier zu kleinen Quadraten (etwa 9 x 9 cm) schneiden und die Muffinform (für 24 Muffins) damit auslegen.

RICOTTA-HIMBEER-CUPCAKES

FÜR DIE BÖDEN:

100 g Butter
100 g kleine Schweineöhrchen (Blätterteiggebäck)

FÜR DEN BELAG:

3–4 Blatt weiße Gelatine
2 EL Milch
250 g Ricotta (ital. Frischkäse)
80 g Zucker
1 EL Vin Santo oder anderer Dessertwein
150 g verlesene Himbeeren
2 Eiweiß (Größe M)

ZUM GARNIEREN:

12 kleine Schweineöhrchen

ZUSÄTZLICH:

1 Muffinform für 12 Muffins
12 Muffin-Papierbackförmchen

1_ Für die Böden Butter zerlassen und abkühlen lassen. Schweineöhrchen fein zerbröseln und mit der flüssigen Butter mischen. Die Bröselmischung in den Mulden der Muffinform (mit Papierbackförmchen ausgelegt) verteilen und mit einem Löffel jeweils gut zu einem Boden andrücken. Die Muffinform in den Kühlschrank stellen.

2_ Für den Belag Gelatine nach Packungsanleitung einweichen, ausdrücken, in der Milch erwärmen und unter Rühren auflösen.

3_ Ricotta mit Zucker und Dessertwein cremig rühren. Zunächst 4 Esslöffel von der Ricottamasse unter die aufgelöste Gelatine rühren und anschließend mit restlicher Ricottamasse verrühren. Die Himbeeren unterrühren.

4_ Eiweiß mit einem Mixer (Rührstäbe) auf höchster Stufe steif schlagen. Den Eischnee unter die Ricottamasse heben, dann die Ricottacreme in die Mulden der Muffinform geben und glatt streichen. Die Form mindestens 3 Stunden in den Kühlschrank stellen.

5_ Die Cupcakes zum Servieren mit Schweineöhrchen garnieren.

→ TIPP:

Die Cupcakes zusätzlich mit gezuckerten frischen Himbeeren garnieren.

HINWEIS:

Nur ganz frisches Eiweiß verwenden (Legedatum beachten, mind. 23 Tage Resthaltbarkeit!). Die fertigen Cupcakes im Kühlschrank aufbewahren und innerhalb von 24 Stunden verzehren.

ALLGEMEINE HINWEISE
ZU DEN REZEPTEN

Lesen Sie vor der Zubereitung – besser noch vor dem Einkauf – das Rezept einmal vollständig durch. So werden Arbeitsabläufe oder -zusammenhänge verständlicher. Die Nährwerte beziehen sich jeweils auf 1 Cupcake.

Zutatenliste und Arbeitsschritte

Die Zutaten sind in der Reihenfolge ihrer Verarbeitung aufgeführt. Die Arbeitsschritte sind einzeln hervorgehoben, in der Reihenfolge, in der sie von uns ausprobiert wurden.

Zubereitungszeiten

Die Zubereitungszeit ist ein Anhaltswert für die Dauer der Vorbereitung und die eigentliche Zubereitung. Längere Wartezeiten wie Kühl- oder Abkühlzeiten, Auftau- und Durchziehzeiten sind, sofern parallel keine weitere Tätigkeit erfolgt, nicht in der Zubereitungszeit enthalten.

Hinweise zu den Nährwerten

Bei den Nährwertangaben in den Rezepten handelt es sich um auf- bzw. abgerundete ganze Werte. Lediglich die Broteinheiten werden mit einer Stelle nach dem Komma angegeben.

Aufgrund von ständigen Rohstoffschwankungen und/oder Rezepturveränderungen bei Lebensmitteln, kann es zu Abweichungen kommen. Die Nährwertangaben dienen daher lediglich Ihrer Orientierung und eignen sich nur bedingt für die Berechnung eines Diätplans, zum Beispiel bei Krankheiten wie Diabetes.

Bei krankheitsbedingten Diäten richten Sie sich daher bitte nach den Anweisungen Ihres Diätassistenten bzw. Ihres Arztes.

Abkürzungen und Symbole

EL	=	Esslöffel	geh.	=	gehäuft	▣	=	Kalorien-/
TL	=	Teelöffel	gem.	=	gemahlen			Nährwertangaben
Msp.	=	Messerspitze	ger.	=	gerieben	E	=	Eiweiß
Pck.	=	Packung/Päckchen	gestr.	=	gestrichen	F	=	Fett
g	=	Gramm	mind.	=	mindestens	Kh	=	Kohlenhydrate
kg	=	Kilogramm	TK	=	Tiefkühlprodukt	kJ	=	Kilojoule
ml	=	Milliliter	°C	=	Grad Celsius	kcal	=	Kilokalorien
l	=	Liter	Ø	=	Durchmesser	BE	=	Broteinheiten
evtl.	=	eventuell	⏱	=	Zubereitungszeit			

ALPHABETISCHES
REGISTER

Für Fragen, Vorschläge oder Anregungen stehen Ihnen
der Verbraucherservice der Dr. Oetker Versuchsküche
Telefon: 00800 71 72 73 74 Mo.–Fr. 8:00–18:00 Uhr
sowie Sa. 9:00–15:00 Uhr zur Verfügung.

Copyright   © 2016 ZS Verlag GmbH
Türkenstraße 9
D-80333 München

ISBN: 978-3-7670-0899-1
1. Auflage 2016

Projektleitung   Carola Reich

Redaktion   Christina Langner, Annette Riesenberg

Redaktionelle Mitarbeit   Annerose Sieck

Titelfoto   Thomas Diercks, Hamburg

Innenfotos   Walter Cimbal, Hamburg (S. 4, 7, 11, 15, 19–31, 35–47, 51–61, 65–77, 81, 85–93)
Fotostudio Diercks – Thomas Diercks/Kai Boxhammer, Christiane Krüger,
Hamburg (S. 13, 17, 63, 79, 83)
Anke Politt, Hamburg (S. 9, 33, 49)

Foodstyling   Hermann Rottmann, Hamburg

Rezeptentwicklung   Sarah Trenkle, Hamburg

Nährwertberechnungen   Nutri Service, Hennef

Titelgestaltung   küstenwerber, Hamburg
Grafisches Konzept   küstenwerber, Hamburg

Grafische Gestaltung   MDH Haselhorst, Bielefeld
Satz   Junfermann Druck & Service GmbH & Co. KG, Paderborn
Reproduktionen   d & d digital data medien GmbH, Bad Oeynhausen

Herstellung   Peter Karg-Cordes

Druck   Optimal media GmbH, 17207 Röbel/Müritz